（宋）辛弃疾 著 （清）梁啓超 手批

梁啓超手批稼軒詞

中國書店

图书在版编目(CIP)数据

梁启超手批稼轩词/(宋)辛弃疾著;(清)梁启超手批.
—北京:中国书店,2010.12

ISBN 978-7-80663-937-5

Ⅰ.①梁… Ⅱ.①辛…②梁… Ⅲ.①辛弃疾(1140～1207)
—宋词—文学研究 Ⅳ.①I207.23

中国版本图书馆 CIP 数据核字(2010)第 212033 号

梁啓超手批稼軒詞

著　　者　(宋)辛弃疾 著　(清)梁啓超 手批

責任編輯　靳　諾

出　　版　中國書店

地　　址　北京市琉璃廠東街一一五號

郵　　編　一〇〇〇五〇

經　　銷　全國新華書店

印　　刷　北京金其樂印刷有限公司

開　　本　880×1230　1/16

版　　次　二〇一一年一月第一版　第一次印刷

印　　張　29.75

書　　號　ISBN 978-7-80663-937-5

定　　價　二八〇元

出版前言

《梁啓超手批稼軒詞》原底本爲清代王鵬運刊刻的《四印齋所刻詞》之中的《稼軒詞長短句》十二卷本，梁啓超生前在此書上作了大量的批注。二〇〇八年中國書店經過多方努力，自民間收到此書。原書一函五册，據《梁氏飲冰室藏書目録·集部》『詞曲類』記載，收録梁啓超所藏《四印齋所刻詞》條目下明確記述：『《四印齋所刻詞》九十四卷，清王鵬運編，清光緒十四年王氏家塾刻本，内《辛稼軒長短句》十二卷缺，存十六册。』此次中國書店自民間搜求到《四印齋所刻詞·稼軒詞長短句》正是梁啓超《梁氏飲冰室藏書目録》的遺缺之本。

此次所收《四印齋所刻詞·稼軒詞長短句》書頁之中，梁任公手批朱墨雙色批校文字遍布册頁之上。這些批校文字，多爲梁啓超考據和研究稼軒詞心得，反映出梁任公對稼軒詞的真實的内心感觸，是他治學宋詞的直接記録。其對稼軒詞版本的考據、溢美之詞、批評之語凝结於評點之中，第一次全面地再現了梁氏晚年辛弃疾詞研究的成就。

爲了讓人們瞭解和重新認識梁啓超先生晚年的學術成就，尤其是作爲最新發現的梁啓超在稼軒詞研究方面的集成性成果，中國書店出版社在二〇〇九年以綫裝的形式依原樣重刊，并定名爲《梁啓超手批稼軒詞》，最大程度地保持了梁啓超原批校的風貌，爲梁啓超的研究提供了極爲珍貴的第一手文獻資料。同時也爲稼軒詞的研究再現了梁任公當年爲之嘔心瀝血的原貌。從梁啓超舊藏的四印齋本《稼軒長短句》到經過中國書店出版社整理出版的《梁啓超手批稼軒詞》，顯示出了中國書店在古籍文獻的收集、保護及其整理出版的傳統專業優勢，是我們特有的古籍整理、保護和傳播實力的一種展示。故此書刊行後，立刻受到學術界的高度重視，也得到了詞學研究領域學者的充分肯定。二〇一〇年，該書獲全國古籍圖書優秀獎。爲讓更多的研究者瞭解和掌握中國書店最新發掘到的梁啓超詞學研究成就，我們將這部書以精裝影印的形式再次出版，并仍定名爲《梁啓超手批稼軒詞》，以滿足學術研究的需要。

中國書店出版社

庚寅年初冬

用涉園景宋淳熙本校四印齋景元信州本稼軒詞十二卷戊辰夏杪飲冰室清課

陶氏涉園景刻宋元詞中有稼軒詞一種分甲乙丙三集者向未著錄家
所未見也甲集百十一首乙集百十四首丙集百七首三集之編似先同出一
人一時甲集最善前有淳熙戊申正月元日門人范開序稱暇日裒集冥搜
才逾百首皆親得於公者以近時流布漸多贋本故不敢自閟云云乙丙
集是否仍開纂輯抑出後人手不能知矣今取校此本甲集有而此本
無之詞凡三首其二首竟見辛敬甫校汲古未無補遺本乙丙集凡八
首丙集四首中惟兩首見補遺餘皆未見其字句與此本異同者百
餘處甲集殊多勝處如念奴嬌之喚淑真閑客此本誤閑窗沁
園春之鷺猜鷗避此本誤鷺鷥被東風吹起此本被誤快滿江紅之
姮娥孤冷此本誤孤令曉風吹斷此本吹誤帽木蘭花慢之共秋風

淳熙十五年戊申公年四十九歲

只等送归船此本等误管
水龙吟之桐阴阁道此本误
闻道梦之慢之舟莲叶
展此本误叶底满庭芳之
风雨晚来稀此本误稀之凡
此类者意读此词时依疑不
释者今日校正声然有岂代
心乙丙集与此本之异文对此
本校胜者多矣辰夏至事
手校其列表谥其多日有
讲此者亦当校录焉凡二百
而异戊辰先立秋三日石记

稼軒詞

甲集本有踏歌一首此本所無
乙集本有糖多令一首此本所無
乙集本有玉蝴蝶一首此本所無
丙集本有六州頭歌一首阮文達見此
辨平原老諸本誤於彼是從此後
漏若剔去

稼軒長短句目録

緇撫元大德廣信本

丁集祝英臺近青綠楊堤一首此本所無

乙集有行香子起句歸去來兮此本無

乙集有一剪梅起句記得同燒此夜香此本無

乙集有南鄉子起句好個主人家一首此本無

目 二

三四印齋

乙集虞美人夜深困倚屏風後一首此本無

甲集本有南歌子一首首句萬萬千千恨此本所無

稼目

虞美人當在甲集一首乙丁集各一

南歌子當入本冊甲集一首乙丁集各一其子民語減首亦同

草堂詩餘有金菊對芙蓉一首不載稼軒作

尋芳草調名已具本存作王孫代

此本与淳熙本甲乙丙集校此有彼無者二百四十首彼有此無者甲集四首乙集八首又並有而調名異題者一首丙集四首兩本合計除複重共五百八十八首再合以辛啟泰所從永樂大典所輯補遺三十六首內除誤收他人作二首与此兩本複重五首實二十九首都共得詞六百一十七首是為傳世辛詞之總數 戊辰夏啟超記

奉諸墨筆乃三年前消夏北戴河時與兒曹瀏覽作手記塗者（作圈點及評語者）以存 叔記

稼軒長短句卷之一

宋 歷城 辛棄疾 幼安

哨遍

秋水觀 丙

蝸角鬬爭左觸右蠻一戰連千里君試思方寸此心微總虛空并包無際喻此理何言泰山毫末從來天地一稊米嗟小大相形鳩鵬自樂之二蟲又何知記跖行仁義孔丘非更殤樂長年老彭悲火鼠論寒冰

蠶語熱定誰同異　噫貴賤隨時連城纔換一羊皮誰與齊萬物莊周吾夢見之正商略遺篇翩然顧笑空堂夢覺題秋水有客問洪河百川灌雨涇流不辨涯涘於是焉河伯欣然喜以天下之美盡在已渺滄溟望洋東視逡巡向若驚歎謂我非逢子大方達觀之家未免長見悠然笑耳此堂之水幾何其但清溪一曲而已

用前韻

詞四頸五十九年紀譔當是慶元五年
己未六月某時作　前首之韻說此首原唱
以六同年作也

一壑自專五柳笑人晚乃歸田里問誰知
幾者動之微望飛鴻冥冥天際論妙理濁
醪正堪長醉從今自釀躬耕米嗟美惡難
齊盈虛如代天耶何必人知試回頭五十
九年非似夢裏歡娛覺來悲夔乃憐蚿穀
亦亡羊算來何異　嘻物諱窮時豐狐文
豹罪因皮富貴非吾願皇皇乎欲何之正
萬籟都沉月明中夜心彌萬里清如水却
自覺神遊歸來坐對依稀淮岸江涘看一

時魚鳥忘情喜會我已忘機更忘已又何曾物我相視非魚濠上遺意要是吾非子但教河伯休慚海若小大均爲水耳世間喜慍更何其笑先生三仕三已

趙昌父之祖季思學士退居鄭圃有亭名魚計字文叔通爲作古賦今昌父之弟成父於所居鑿池築亭榜以舊名昌父爲成父作詩屬余賦詞余爲賦哨遍

莊周論於蟻棄知於魚得計於羊棄意其義美矣然上文論蝨託於豕而得焚羊肉爲蟻所慕而致殘下文將併結二義乃獨置豕蝨不言而遽論魚其義無所從起又間於羊蟻兩句之間使羊蟻之義離不相屬何耶其必有湥意存焉顧後人未之曉耳或言蟻得水而死羊得水而

病魚得水而活此最穿鑿不成義趣余嘗反復尋繹終未能得意世必有能讀此書而了其義者他日倘見之而問焉姑先識余疑於此詞云爾

池上主人人適忘魚魚適還忘水洋洋乎翠藻青萍裹想魚兮無便於此嘗試思莊周正談兩事一明豕蝨一羊蟻說蟻慕於羶於蟻弃知又說於羊棄意甚蝨焚於豕

獨忘之却驟說於魚爲得計千古遺文我
不知言以我非子　子固非魚噫魚之爲
計子焉知河水深且廣風濤萬頃堪依有
網罟如雲鵜鶘成陣過而留泣計應非其
外海茫茫下有龍伯飢時一啖千里更任
公五十犗爲餌使海上人人厭腥味似鵾
鵬變化能幾東遊入海此計直以命爲嬉
古來謬算狂圖五鼎烹死指爲平地嗟魚
欲事遠遊時請三思而行可矣

六州歌頭

屬得疾暴甚醫者莫曉其狀小愈困臥無聊戲作以自釋

晨來問疾有鶴止庭隅吾語汝只三事太愁余病難扶手種青松樹礙梅塢妨花逕纔數尺如人立却須鋤秋水堂前曲沼明於鏡可燭眉鬚被山頭急雨耕壟灌泥塗誰使吾廬映污渠歎青山好簷外竹遮欲盡有還無删竹去吾乍可食無魚愛扶

青山二字疑夾注

疏。又欲爲山計、千百慮、累吾軀。凡病此、吾過矣、子奚如。口不能言臆對、雖盧扁、藥石難除。有要言妙道、事見七發往問北山愚、庶有瘳乎。按六州歌頭　欽定詞譜係雙調元刻作四疊姑仍之汲古閣本作三疊

蘭陵王

賦一邱一壑

一邱壑老子風流占却茅簷上松月桂雲脈脈石泉逗山脚尋思前事錯惱殺晨猿夜鶴終須是鄧禹輩人錦繡麻霞坐黃閣

慶元五年 先生年六十

按清真集本調則過字亦是韵但各本此作過想是稼軒對謝也

長歌自深酌看天闊鳶飛淵靜魚躍西風黃菊香噴薄悵日莫雲合佳人何處紉蘭結佩帶杜若入江海曾約 遇合事難托莫擊磬門前荷蕢人過仰天大笑冠簪落待說與窮達不須疑著古來賢者進亦樂退亦樂

己未八月二十日夜夢有人以石研屏見餽者其色如玉光潤可愛中有一牛磨角作鬭狀云

湘潭里中有張其姓者多力善鬬號張難敵一日與人搏偶敗忿赴河而死居三日其家人來視之浮水上則牛耳自後竝水之山往往有此石或得之里中輒不利夢中異之爲作詩數百言大抵皆取古之怨憤變化異物等事覺而忘其言後三日賦詞以識其異

奇思險語，它家殆不能道

恨之極。恨極銷磨不得。萇弘事。人道後來其血三年化爲碧。鄭人緩也泣。吾父攻儒助墨。十年夢。沈痛化余。秋柏之間既爲實。

相思重相憶。被怨結中腸。潛動精魄。望夫江上巖巖立。嗟一念中變。後期長絕。君看啟母憤所激。又俄頃爲石。　難敵最多九甚一忿沉淵。精氣爲物。依然困鬬牛磨角。便影入山骨。至今雕琢。尋思人世。只合化夢中蝶。

賀新郎

賦水仙

雲臥衣裳冷，看蕭然、風前月下，水邊幽影。羅襪生塵凌波去，湯沐煙波萬頃。愛一點、嬌黃成暈。不記相逢曾解佩，甚多情、爲我香成陣。待和淚，收殘粉。　靈均千古懷沙恨。記當時、悤悤忘把，此仙題品。煙雨淒迷僝僽損，翠袂搖搖誰整。謾寫入、瑤琴幽憤。絃斷招魂無人賦，但金杯的皪銀臺潤。愁殢酒又獨醒。

賦海棠

著厭霓裳素染臙脂苧羅山下浣沙溪渡
誰與流霞千古醞引得東風相誤從臾入
吳宮深處髩亂釵橫渾不醒轉越江劃地
迷歸路煙艇小五湖去 當時倩得春留
住就錦屏一曲種種斷腸風度纔是清明
三月近須要詩人妙句笑援筆慇懃爲賦
十樣蠻牋紋錯綺粲珠璣淵擲驚風雨重

喚酒共花語

賦滕王閣

高閣臨江渚訪層城空餘舊迹黯然懷古畫棟朱簾當日事不見朝雲莫雨但遺意西山南浦天宇修眉浮新綠映悠悠潭影長如故空有恨柰何許　王郎健筆誇翹楚到如今落霞孤鶩競傳佳句物換星移知幾度夢想珠歌翠舞爲徙倚闌干凝佇目斷平蕪蒼波晚快江風一瞬澄襟暑誰

共飲有詩侶

賦琵琶

鳳尾龍香撥自開元霓裳曲罷幾番風月最苦潯陽江頭客畫舸亭亭待發記出塞黃雲堆雪馬上離愁三萬里望昭陽宮殿孤鴻沒絃解語恨難說遼陽驛使音塵絕瑣窗寒輕攏慢撚淚珠盈睫推手含情還却手一抹梁州哀徹千古事雲飛煙滅賀老定場無消息想沉香亭北繁華歇彈

到此。爲嗚咽、

又

柳暗淩波路。送春歸猛風暴雨、一番新綠。千里瀟湘葡萄漲、人解扁舟欲去。又檣燕留人相語。艇子飛來生塵步、唾花寒唱我新番句。波似箭、催鳴櫓。　黃陵祠下山無數、聽湘娥泠泠曲罷、爲誰情苦。行到東吳春已莫、正江潤潮平穩渡。望金雀觚稜翔舞。前度劉郎今重到、問玄都千樹花存否。

家一　九　四印齋

鷺湖勝遊朱陸之外復有辛陳若地足千古矣

戊申作

賀新郎

稼　一　九

愁爲倩么絃訴。

陳同父自東陽來過余、留十日、與之同游鵞湖、且會朱晦菴於紫溪、不至、飄然東歸、旣别之明日、余意中殊戀戀、復欲追路至鷺鷥林、則雪深泥滑、不得前矣。獨飲方村、悵然久之、頗恨挽留之不遂也。夜半投宿吳氏泉湖四望樓、聞隣笛悲甚、爲賦乳燕

殘字比微字佳，但与下句複，想微字是改字本

微

飛以見意。又五日，同父書來索詞，心所同然者如此，可發千里一笑。

把酒長亭說。看淵明、風流酷似，臥龍諸葛。何處飛來林間鵲，蹙踏松梢殘雪。要破帽、多添華髮。剩水殘山無態度，被疏梅、料理成風月。兩三鴈，也蕭瑟。

佳人重約還輕別，悵清江、天寒不渡，水深冰合。路斷車輪生四角，此地行人銷骨。問誰使、君來愁絕，

稼軒 一　　十四印齋

已而化

疊韻皆不見佳妙

補

龍川詞有次韻三首前兩首
一首本作後一首次本作皆都不
稼稿稿有何本

同文之三詞皆是已而化

唉

鑄就而今相思錯，料當初費盡人間鐵。長夜笛，莫吹裂。

同父見和再用韻答之

老大那堪說。似而今元龍臭味，孟公瓜葛。我病君來高歌飲，驚散樓頭飛雪。笑富貴千鈞如髮。硬語盤空誰來聽，記當時只有西窗月。重進酒，換鳴瑟。　事無兩樣人心別。問渠儂神州畢竟，幾番離合。汗血鹽車無人顧，千里空收駿骨。正目斷關河路絕。

我最憐君中宵舞道男兒到死心如鐵看
試手補天裂

用前韻贈金華杜仲高

細把君詩說恍餘音鈞天浩蕩洞庭膠葛
千丈陰崖塵不到惟有層冰積雪乍一見
寒生毛髮自昔佳人多薄命對古來一片
傷心月金屋冷夜調瑟　去天尺五君家
別看乘空魚龍慘淡風雲開合起望衣冠
神州路白日銷殘戰骨歎夷甫諸人清絕

夜半狂歌悲風起聽錚錚陣馬簷間鐵南

共北正分裂

三山雨中游西湖有懷趙丞相

經始 丙

翠浪吞平野挽天河誰來照影臥龍山下

煙雨偏宜晴更好約略西施未嫁待細把

江山圖畫千頃光中堆灧澦似扁舟欲下

瞿塘馬中有句浩難寫 詩人例入西湖

社記風流重來手種綠成陰也陌上游人

福州遊西湖

以下三首皆壬子癸丑間作

四卷丁本作陪戚乙如此本

誇故國十里水晶臺榭更復道橫空清夜粉黛中洲歌妙曲問當年魚鳥無存者堂上燕又長夏

和前韻

覓句如東野想錢塘風流處士水仙祠下更憶小孤煙浪裏望斷彭郎欲嫁是一色空濛難畫誰解胸中吞雲夢試呼來草賦看司馬須更把上林寫　雞豚舊日漁樵社問先生帶湖春漲幾時歸也爲愛瑠璃

三萬頃正臥水亭煙榭對玉塲微瀾深夜鴈鶩如雲休報事被詩逢敵手皆劬耆春草夢也宜夏

又和

碧海成桑野笑人間江翻平陸水雲高下自是三山顏色好更著雨婚煙嫁料未必龍眠能畫擬向詩人求幼婦倩諸君妙手皆談馬須進酒爲陶寫 回頭鷗鷺飄泉社莫吟詩莫抛尊酒是吾盟也千騎而今

遮白髮忘却滄浪亭榭但記得灞陵呵夜
我輩從來文字飲怕壯懷激烈須歌者蟬
噪也綠陰夏

别茂嘉十二弟鵜鴂杜鵑實兩
種見離騷補註

綠樹聽鵜鴂更那堪鷓鴣聲住杜鵑聲切
啼到春歸無尋處苦恨芳菲都歇算未抵
人間離别馬上琵琶關塞黑更長門翠輦
辭金闕看燕燕送歸妾將軍百戰身名

裂向河梁回頭萬里故人長絕易水蕭蕭西風冷滿座衣冠似雪正壯士悲歌未徹啼鳥還知如許恨料不啼清淚長啼血誰共我醉明月

題趙兼善龍圖東山小魯亭

下馬東山路恍臨風周情孔思悠然千古寂寞東家丘何在縹緲危亭小魯試重上巖巖高處更憶公歸西悲日正濛濛陌上多零雨嗟費却幾章句　謝公雅志還成

趣記風流中年懷抱長攜歌舞政爾艮難君臣事晚聽秦箏聲苦快滿眼松篁千畝把似渠垂功名淚算何如且作溪山主雙白鳥又飛去

題傅君用山園

曾與東山約爲鯈魚從容分得清泉一勺堪笑高人讀書處多少松窗竹閣甚長被遊人占却萬卷何言達時用士方窮早與人同樂新種得幾花藥　山頭怪石蹲秋

鶻俯人間塵埃野馬孤撑高攫拄杖危亭扶未到已覺雲生兩脚更換却朝來毛髮此地千年曾物化莫呼猿且自多招鶴吾亦有一邱壑

用韻題趙晉臣敷文積翠巖余謂當築陂於其前

拄杖重來約到東風洞庭張樂滿空簫勺巨海拔犀頭角出東向北山高閣尙依舊爭前又却老我傷懷登臨際問何方可以

仲止名淲元吉子有澗泉詩餘

平哀樂唯是酒萬金藥 勸君且作橫空鶚更休論人間腥腐紛紛烏攫九萬里風斯在下翻覆雲頭雨腳快直上崑崙濯髮好臥長虹陂十里是誰言聽取雙黃鶴攜翠影浸雲壑

韓仲止判院山中見訪席上用前韻

聽我三章約有談功談名者舞談經深酌作賦相如親滌器識字子雲投閣算枉把

精神費却此會不如公榮者莫呼來政爾妨人樂醫俗士苦無藥當年衆鳥看孤鶚意飄然橫空直把曹吞劉攫老我山中誰來伴須信窮愁有腳似剪盡還生僧髮自斷此生天休問倩何人說與乘軒鶴吾有志在邱壑起用世說語

邑中園亭僕皆爲賦此詞一日獨坐停雲水聲山色競來相娛意溪山欲援例者遂作數語庶

吾儕翁病甚季複[illegible]滬葬[illegible]

幾彷彿淵明思親友之意云

甚。矣。吾衰矣。悵平生交游零落，只今餘幾。白髮空垂三千丈，一笑人間萬事。問何物能令公喜。我見青山多嫵媚，料青山見我應如是。情與貌，略相似。 一尊搔首東窗裏，想淵明停雲詩就，此時風味。江左沉酣求名者，豈識濁醪妙理。回首叫雲飛風起。不恨古人吾不見，恨古人不見吾狂耳。知我者，二三子。

花庵題作自述

再用前韻

鳥倦飛還矣笑淵明餅中儲粟有無能幾蓮社高人留翁語我醉甯論許事試沽酒重斟翁喜一見蕭然音韻古想東籬醉臥參差是千載下竟誰似　元龍百尺高樓裏把新詩慇懃問我停雲情味北夏門高從拉攞何事須人料理翁曾道繁華朝起塵土人言甯可用顧青山與我何如耳歌且和楚狂子

題傅巖叟悠然閣

路入門前柳到君家悠然細說淵明重九晚歲淒其無諸葛惟有黃花入手更風雨東籬依舊陡頓南山高如許是先生拄杖歸來後山不記何年有　是中不減康廬秀倩西風爲君喚起翁能來否鳥倦飛還平林去雲自無心出岫賸準備新詩幾首欲辨忘言當年意慨遙遙我去羲農久天下事可無酒

用前韻再賦

肘後俄生柳歎人生不如意事十常八九右手淋浪才有用閒却持螯左手謾贏得傷今感舊投閣先生惟寂寞笑是非不了身前後持此語問烏有　青山幸自重重秀問新來蕭蕭木落頗堪秋否總被西風都瘦損依舊千嵓萬岫把萬事無言搔首翁比渠儂人誰好，是我常與我周旋久。甯作我，一盃酒。

嚴和之好古博雅以嚴本莊姓取蒙莊子陵四事曰濮上曰濠梁曰齊澤曰嚴瀨爲四圖屬余賦詞余謂蜀君平之高楊子雲所謂雖隋和何以加諸者班孟堅獨取子雲所稱述爲王貢諸傳序引不敢以其姓名列諸傳尊之也故余以謂和之當併圖君平像置之四圖之間庶幾嚴

辛本看作看误

氏之高節備焉作乳燕飛詞使
歌之丁
濮上看垂釣更風流羊裘澤畔精神孤矯
楚漢黃金公卿印比著漁竿誰小但過眼
纔堪一笑惠子焉知濠梁樂望桐江千丈
高臺好煙雨外幾魚鳥　古來如許高人
少細平章兩翁似與巢由同調已被堯知
方洗耳畢竟塵汚人了要名字人間如掃
我愛蜀莊沈冥者解門前不使徵車到君

爲我畫三老

和徐斯遠下第謝諸公載酒韻

逸氣軒眉宇，似王良、輕車熟路，驊騮欲舞。我覺君非池中物，咫尺蛟龍雲雨。時與命、猶須天賦。蘭佩芳菲無人問，歎靈均、欲向重華訴。空壹鬱，共誰語。　兒曹不料楊雄賦。怪當年、甘泉誤說，青葱玉樹。風引船回滄溟闊，目斷三山伊阻。但笑指、吾廬何許。門外蒼官三百輩，盡堂堂、八尺鬚髯古。誰

家一　十九　四印齋

載酒亭本作載我誤

載酒帶湖去

稼　一　二九

稼軒長短句卷之一終

汲古本所無者六首

花庵塘作棠 草堂作棠

花庵輕作經 草堂作經

草堂說作歸說

棠 夜 長 未

稼軒長短句卷之二

念奴嬌

書東流村壁

花庵題作春恨 草堂題同花庵

野塘花落，又匆匆過了，清明時節。剗地東風欺客夢，一枕雲屏寒怯。曲岸持觴，垂楊繫馬，此地曾輕別。樓空人去，舊遊飛燕能說。聞道綺陌東頭，行人曾見，簾底纖纖月。舊恨春江流不斷，新恨雲山千疊。料得明朝，尊前重見，鏡裏花難折。也應驚問，近

乾道三年十月以知建康府史正志兼沿江水軍制置使，正志字致道，當即其人。

來多少華髮。

登建康賞心亭呈史留守致道

我來弔古上危樓，贏得閒愁千斛。虎踞龍盤何處是，只有興亡滿目。柳外斜陽，水邊歸鳥，隴上吹喬木。片帆西去，一聲誰噴霜竹。却憶安石風流，東山歲晚，淚落哀箏曲。兒輩功名都付與，長日惟消棊局。寶鏡難尋，碧雲將莫，誰勸盃中綠。江頭風怒，朝來波浪翻屋。

花庵

凡丙本字句有異同，吾認淳熙本為不誤或校勝者，施。符於眉端所校字旁；若大德本勝，則施ㄨ符於原字旁；施。符其丙本與甚軒稿者，則不施符。大抵甲集異文多佳勝，乙丙集則反此大德本也。六月十四日　[illegible]記

紅。湮。湖。　公　老　草本說作中誤　無韓字

西湖和人韻　甲　花庵　草老

晚風吹雨，戰新荷聲亂，明珠蒼璧。誰把香奩收寶鏡，雲錦周遭紅碧。飛鳥翻空，遊魚吹浪，慣趁笙歌席。坐中豪氣，看君一飲千石。　遥想處士風流，鶴隨人去，已作飛僊伯。茆舍疏籬今在否，松竹已非疇昔。欲說當年，望湖樓下，水與雲寬窄。醉中休問，斷腸桃葉消息。　花庵字句全同此本

和韓南澗載酒見過雪樓觀雪　甲

丙午丁未間作

癸巳詩云：足音谷谷來子少，在雪樓下。

知雪樓為乃弟湖宅中之一樓

每[illegible]五字

空兩格

風

稼二　二

覔圜舊賞，悵遺踪飛鳥，千山都絕。縞帶銀盃江上路，惟有南枝香別。萬事新奇，青山一夜，對我頭先白。倚巖千樹，玉龍飛上瓊闕。莫惜霧鬢雲鬟，試教騎鶴，去約尊前月。自與詩翁磨凍硯，看掃幽蘭新闋。便擬明年，人間揮汗，留取層冰潔。此君何事，晚來曾爲腰折。

賦雨巖效朱希眞體　中

近來何處有吾愁，何處還知吾樂。一點淒

涼千古意，獨倚西風寥闊。剪竹尋泉，和雲種樹，喚做眞閒箇。此心閒處，未應長藉丘壑。休說往事皆非，而今云是，且把清尊酌。醉裏不知誰是我，非月非雲非鶴。露冷松梢，風高桂子，醉了還醒却。北窗高臥，莫教啼鳥驚著。

雙陸和陳仁和韻

少年橫槊氣憑陵酒聖詩豪餘事袖手旁觀初未識兩兩三三而已變化須臾鷗翻

家二　三四印齋

石鏡鵲抵星橋外搗殘秋練玉砧猶想纖指 堪笑千古爭心等閒一勝拚了光陰費老子忘機渾謾與鴻鵠飛來天際武媚宮中韋娘局上休把興亡記布衣百萬看君一笑沉醉

賦白牡丹和范先之韻

對花何似似吳宮初教翠圍紅陣欲笑還愁羞不語惟有傾城嬌韻翠蓋風流牙籤名字舊賞那堪省天香染露曉來衣潤誰

整　最愛弄玉團酥就中一朵曾入揚州詠華屋金盤人未醒燕子飛來春盡最憶當年沉香亭北無限春風恨醉中休問夜深花睡香冷

和信守王道夫席上韻

風狂雨橫是邀勒園林幾多桃李待上層樓無氣力塵滿欄干誰倚就火添衣移香傍枕莫捲朱簾起元宵過也春寒猶自如此　爲問幾日新晴鳩鳴屋上鵲報簷前

喜指拭老來詩句眼要看拍堤春水月下憑肩花邊繫馬此興今休矣溪南酒賤光陰只在彈指

戲贈善作墨梅者

江南盡處墮玉京僊子絕塵英秀彩筆風流偏解寫姑射冰姿清瘦笑殺春工細窺天巧妙絕應難有丹青圖畫一時都愧凡陋　還似籬落孤山嫩寒清曉秪欠香沾袖淡竚輕盈誰付與弄粉調朱纖手疑是

花神謁來人世占得佳名久松篁佳韻倩君添做三友

韻梅

踈踈淡淡問阿誰堪比太眞顏色笑殺東君虛占斷多少朱朱白白雪裏温柔水邊明秀不借春工力骨清香嫩迥然天與奇絶　嘗記寶籞寒輕瑣窗人睡起玉纖輕摘漂泊天涯空瘦損猶有當年標格萬里風煙一溪霜月未怕欺他得不如歸去閬

風有箇人惜

瓢泉酒醅和東坡韻

用東坡赤壁韻

倘來軒冕問還是古今人間何物舊日重城愁萬里風月而今堅壁藥籠功名酒壚身世可惜蒙頭雪浩歌一曲坐中人物三傑　休歎黃菊凋零孤標應也有梅花爭發醉裏重揩西望眼惟有孤鴻明滅萬事從教浮雲來去枉了衝冠髮故人何在長庚應伴殘月

今古　之　塲　歌

再用韻和洪莘之通判丹桂詞

道人元是道家風來作煙霞中物翠幰裁犀遮不定紅透玲瓏油壁借得春工惹將秋露薰做江梅雪我評花譜便應推此爲傑　憔悴何處芳枝十郎手種看明年花發坐斷虛空香色界不怕西風起滅別駕風流多情更要簪滿嫦娥髮等閒折盡玉斧重倩修月

又

洞庭春晚舊傳恐是人間尤物收拾瑤池傾國艷來向朱欄一壁透戸龍香隔簾鶯語料得肌如雪月妖眞態是誰教避人傑酒罷歸對寒窗相留昨夜應是梅花發賦了高唐猶想像不管孤燈明滅半面難期多情易感愁點星星髮繞梁聲在爲伊忘味三月

趙晉臣敷文十月望生日自賦詞屬余和韻

看公風骨似長松，磊落多生奇節。世上兒曹都蓄縮，凍芋旁堆秋瓞。結屋溪頭，境隨人勝，不是江山別。紫雲如陣，妙歌爭唱新闋。　尊酒一笑相逢，與公臭味，菊茂蘭須悅。天上四時調玉燭，萬事宜詢黃髮。看取東歸，周家叔父，手把元龜說。祝公長似，十分今夜明月。

和趙國興知錄韻

爲沽美酒過溪來，誰道幽人難致。更覺元

龍樓百尺湖海平生豪氣自歎年來看花索句老不如人意東風歸路一川松竹如醉 怎得身似莊周夢中蝴蝶花底人間世記取江頭三月葬風雨不爲春計萬斛愁來金貂頭上不抵銀瓶貴無多笑我此篇聊當賓戲

重九席上 丁

龍山何處記當年高會重陽佳節誰與老兵供一笑落帽參軍華髮莫倚忘懷西風

也解點檢尊前客淒涼今古。眼中三兩飛蝶。須信采菊東籬高情千載只有陶彭澤愛說琴中如得趣絃上何勞聲切試把空杯翁還肯道何必盃中物臨風一笑請翁同醉今夕

用韻答傅先之提舉

君詩好處似鄒魯儒家還有奇節下筆如神強押韻遺恨都無毫髮炙手炎來掉頭冷去無限長安客丁甯黃菊未消勾引蜂

蝶　天上絳闕清都聽君歸去我自癯山澤人道君才剛百鍊美玉都成泥切我愛風流醉中傾倒邱壑胸中物一盃相屬莫孤風月今夕

賦梅花

東來

賦傅巖叟香月堂兩梅 兩

未須草草賦梅花多少騷人詞客總被西湖林處士不肯分留風月疎影橫斜暗香浮動把斷春消息試將花品細參今古人物　看取香月堂前歲寒相對楚兩龔之

潔自與詩家成一種不係南昌仙籍怕是當年香山老子姓白來江國謫仙人字太白還又名白

余旣爲傅巖叟兩梅賦詞傅君用席上有請云家有四古梅今百年矣未有以品題乞援香月堂例欣然許之且用前篇體製戲賦

是誰調護歲寒枝都把蒼苔封了茆舍疎

此詞之作最遲不能在甲辰年以後，蓋洪适有題辛幼安稼軒之詩一首，即賀此新居之成者，而适沒於甲辰也。

籬江上路清夜月高山小摸索應知曹劉沈謝何況霜天曉芬芳一世料君長被花惱　惆悵立馬行人一枝最愛竹外橫斜好我向東鄰曾醉裏喚起詩家二老拄杖而今婆娑雪裏又識商山皓請君置酒看渠與我傾倒

沁園春

帶湖新居將成　甲　花庵 草堂　題作退閒 見同花庵

三徑初成鶴怨猿驚稼軒未來甚雲山自

許平生意氣衣冠人笑抵死塵埃意倦須還身閒貴早豈爲蓴羹鱸鱠哉秋江上看驚絃雁避駭浪船回 東岡更葺茅齋好都把軒窗臨水開要小舟行釣先應種柳疏籬護竹莫礙觀梅秋菊堪餐春蘭可佩留待先生手自栽沉吟久怕君恩未許此意徘徊

送趙景明知縣東歸再用前韻

佇立瀟湘黃鵠高飛望君未來快東風吹

作此詞時雖未挂冠，然本傳於其官則在江西安撫任中，以言者落職，久之主管沖佑觀，然趙譜述提點刑獄者以爲閩憲在紹熙二年辛亥，上距戊申凡四年中

稼二　十

斷西江對語急呼斗酒旋拂塵埃却怪英姿有如君者猶欠封侯萬里哉空贏得道江南佳句只有方囘　錦帆畫舫行齋悵雪浪粘天江景開記我行南浦送君折柳君逢驛使爲我攀梅落帽山前呼鷹臺下人道花須滿縣栽都休問看雲霄高處鵬翼徘徊

戊申歲奏邸忽騰報謂余以病挂冠因賦此

閒居既久乃有詞然則居既成即
在戊申正遁之已前耳
第一條十日前所記也細按詞中意似為
賛並和此詞者戊申歲以早已居既家
居其居既也賓緣語勸和謝病投閑
只處即作此騰邦不業語然詞中有抱
甕年來自灌園語似詞成在居之時
而後者人間兒女怨恩此心無有新冤
等語言不以語勸者懷如有合挂當年
神武門語言者早詞病句語被勸
如青山也妨賢路其如語字帶語氣中
友要與招魂之語言者懷乃是要
簡再考之
若戊中以前立言以花閒所編稼軒甲
集成於丁未臘者中之家居作便
不可解又本詞所謂久之之言沖佑說
未至甚況則久矣
十七年五月八日記

老子平生笑盡人間兒女怨恩況白頭能幾定應獨往青雲得意見說長存抖擻衣冠憐渠無恙合挂當年神武門都如夢算能爭幾許雞曉鐘昏　此心無有新冤況抱甕年來自灌園但淒涼顧影頻悲往事慇勤對佛欲問前因却怕青山也妨賢路休鬬尊前見在身山中友試高吟楚些重與招魂

期思舊呼奇獅或云碁師皆非

稼二　十一　四印齋

也余考之荀卿書云孫叔敖期思之鄙人也期思屬弋陽郡此地舊屬弋陽縣雖古之弋陽期思見之圖記者不同然有弋陽則有期思也橋壞復成父老請余賦作沁園春以證之

有美人兮玉佩瓊琚吾夢見之問斜陽猶照漁樵故里長橋誰記今古期思物化蒼茫神遊彷彿春與猿吟秋鶴飛還驚笑向

晴波忽見千丈虹霓　覺來西望崔嵬更上有青楓下有溪待空山自薦寒泉秋菊中流却送桂棹蘭旗萬事長嗟百年雙鬢吾非斯人誰與歸憑闌久正清愁未了醉墨休題

答余叔良

我試評君君定何如玉川似之記李花初發乘雲共語梅花開後對月相思白髮重來畫橋一望秋水長天孤鶩飛同吟處看

珮搖明月衣捲青霓 相君高節崔嵬是此處耕巖與釣溪被西風吹盡村簫社鼓青山留得松蓋雲旗弔古愁濃懷人日暮一片心從天外歸新詞好似凄涼楚些字字堪題

答楊世長

我醉狂吟君作新聲倚歌和之算芬芳定向梅間得意輕清多是雪裏尋思朱雀橋邊何人會道野草斜陽春燕飛都休問甚

元無霽雨却有晴霓　詩壇千丈崔嵬更有筆如山墨作溪看君才未數曹劉敵手風騷合受屈宋降旗誰識相如平生自許慷慨須乘駟馬歸長安路問垂虹千柱何處會題

靈山齊菴賦時築偃湖未成

疊嶂西馳萬馬回旋衆山欲東正驚湍直下跳珠倒濺小橋橫截缺月初弓老合投閒天教多事檢校長身十萬松吾廬小在

龍蛇影外，風雨聲中。爭先見面重重，看爽氣朝來三數峰。似謝家子弟，衣冠磊落，相如庭戶，車騎雍容。我覺其間，雄深雅健，如對文章太史公。新堤路，問偃湖何日，煙水濛濛。

弄溪賦

有酒忘杯，有筆忘詩，弄溪奈何。看從橫斗轉，龍蛇起陸，崩騰決去，雪練傾河。嫋嫋東風，悠悠倒影，搖動雲山水又波。還知否，欠

菖蒲攢港綠竹緣坡　長松誰剪嵳峩笑野老來耘山上禾算只因魚鳥天然自樂非關風月閒處偏多芳草春深佳人日暮濯髮滄浪獨浩歌裴回久問人間誰似老子婆娑

期思卜築

一水西來千丈晴虹十里翠屏喜草堂經歲重來杜老斜川好景不負淵明老鶴高飛一枝投宿長笑蝸牛戴屋行平章了待

桓溫語也　語見世說新語

坡老別調

十分佳處，著箇茅亭。青山意氣崢嶸，似爲我歸來嫵媚生。解頻教花鳥，前歌後舞，更催雲水，暮送朝迎。酒聖詩豪，可能無勢，我乃而今駕馭卿。清溪上，被山靈却笑，白髮歸耕。

將止酒戒酒杯使勿近　花庵

盃汝前來，老子今朝，點檢形骸。甚長年抱渴，咽如焦釜；于今喜睡，氣似奔雷。汝說劉伶，古今達者，醉後何妨死便埋。渾如許，歎汝於知己，眞少恩哉。更憑歌舞爲媒，算合作人間鴆毒猜。況怨無小大，生於所愛，物無美惡，過則爲災。與汝成言，勿留亟退，吾力猶能肆汝盃。盃再拜，道麾之卽去，招亦須來。

城中諸公載酒入山余不得以止酒爲解遂破戒一醉再用韻

盃汝知乎，酒泉罷侯，鴟夷乞骸。更高陽入謁，都稱虀臼，杜康初筮，正得雲雷。細數從

前不堪餘恨歲月都將麴糵埋君詩好似
提壺却勸沽酒何哉君言病豈無媒似
壁上雕弓蛇暗猜記醉眠陶令終全至樂
獨醒屈子未免沈菑欲聽公言慚非勇者
司馬家兒解覆盃還堪笑借今宵一醉爲
故人來用邴原事

壽趙茂嘉郎中時以置兼濟倉
振濟里中除直秘閣

甲子相高亥首曾疑絳縣老人看長身玉

立鶴般風度方頤鬚磔虎樣精神文爛卿雲詩淩鮑謝筆勢駸駸更右軍渾餘事羨僊都夢覺金闕名存　門前父老忻忻煥奎閣新褒詔語温記他年帷幄須依日月只今劍履快上星辰人道陰功天教多壽看到貂蟬七葉孫君家裏是幾枝丹桂幾樹靈椿

和吳子似縣尉

我見君來頓覺吾廬溪山美哉悵平生肝

膽都成楚越只今膠漆誰是陳雷搔首踟躕愛而不見要得詩來渴望梅還知否快清風入手日看千回　直須抖擻塵埃人怪我柴門今始開向松間乍可從他喝道庭中且莫踏破蒼苔豈有文章謾勞車馬待喚青芻白飯來君非我任功名意氣莫恁徘徊

稼軒長短句卷之二終

淳熙本一丙去者七首

淳熙五年戊戌作

滿江紅過眼溪山閣題云江行簡楊濟翁周顯先詞中句云笑塵勞三十九年非蓋淳熙丁酉歲也自江陵被召赴行在戊戌（三十九歲）赴湖北轉運[illegible]與楊周諸人其行程當經揚州溯江西上也

濟翁名炎正吉水人　慶元二年進士官至安撫使　絕妙好詞卷六第一闋是

右子嘉府

和人韵　高　足

稼軒長短句卷之三

水調歌頭

舟次揚州和楊濟翁周顯先韻

落日塞塵起，胡騎獵清秋。漢家組練十萬，列艦聳層樓。誰道投鞭飛渡，憶昔鳴髇血污，風雨佛貍愁。季子正年少，匹馬黑貂裘。今老矣，搔白首，過揚州。倦游欲去江上，手種橘千頭。二客東南名勝，萬卷詩書事業，嘗試與君謀。莫射南山虎，直覓富民侯。

淳熙四年　年三十八

隆興元年九月升洪州爲隆興府

即今之南昌縣

二

稼　三　　一

又

落日古城角把酒勸君留長安路遠何事風雪敝貂裘散盡黃金身世不管秦樓人怨歸計狎沙鷗明夜扁舟去和月載離愁

功名事身未老幾時休詩書萬卷致身須到古伊周莫學班超投筆縱得封侯萬里憔悴老邊州何處依劉客寂寞賦登樓

淯熙丁酉自江陵移帥隆興到官之三月被召司馬監趙卿王

漕餞別司馬賦水調歌頭席間次韻時王公明樞密堯坐客終夕爲興門戶之歎故前章及之

我飲不須勸、正怕酒尊空。別離亦復何恨、此別恨匆匆。頭上貂蟬貴客、苑外麒麟高塚、人世竟誰雄。出門一笑去、千里落花風。

孫劉輩、能使我、不爲公。余髮種種如是、此事付渠儂。但覺平生湖海、除了醉吟風月、此外百無功。毫髮皆帝力、更乞鑑湖東。

辛卌四字

總領王趙守

驟駒

湻熙己亥自湖北漕移湖南周總領王漕趙守置酒南樓席上留別 甲

花庵選

折盡武昌柳挂席上瀟湘二年魚鳥江上笑我往來忙富貴何時休問離別中年堪恨憔悴鬢成霜絲竹陶寫耳急羽且飛觴序蘭亭歌赤壁繡衣香使君千騎鼓吹風采漢侯王莫把離歌頻唱可惜南樓佳處風月已淒涼在家貧亦好此語試平章

此詞當是丙午丁未間作其時似已遷入帶湖新居

盟鷗

帶湖吾甚愛，千丈翠奩開。先生杖屨無事，一日走千回。凡我同盟鷗鷺，今日既盟之後，來往莫相猜。白鶴在何處，嘗試與偕來。破青萍，排翠藻，立蒼苔。窺魚笑汝癡計，不解舉吾盃。廢沼荒丘疇昔，明月清風此夜，人世幾歡哀。東岸綠陰少，楊柳更須栽。

湯朝美司諫見和用韻爲謝

白日射金闕，虎豹九關開。見君諫疏頻上

高論

談笑挽天回千古忠肝義膽萬里蠻煙瘴
雨往事莫驚猜政恐不免耳消息日邊來
笑吾廬門掩草徑封苔未應兩手無用
要把蟹螯盃說劍論詩餘事醉舞狂歌欲
倒老子頗堪哀白髮甯有種一醒時栽

嚴子文同傅安道和前韻因再
和謝之

和盟鷗韻和以謝之

寄我五雲字恰向酒邊開東風過盡歸雁
不見客星回均道瑣窗風月更著詩翁杖

來字複下韻非原疑是後下應作開

來

開

屢合作雪堂猜子文作雪齋寄書云近以旱無以延客歲旱莫留客霖雨要渠來　短燈檠長劍鋏欲生苔雕弓挂壁無用照影落淸盃多病關心藥畏小摘親鉏菜甲老子政須哀夜雨北窗竹更倩野人栽

和趙景明知縣韻

官事未易了且向酒邊來君如無我問君懷抱向誰開但放平生邱壑莫管旁人嘲罵深蟄要驚雷白髮還自笑何地置衰顏

五車書千石飲百篇才新詞未到瓊瑰
先夢滿吾懷已過西風重九且要黃花入
手詩興未闌梅君要花滿縣桃李趁時栽

壽趙漕介菴

千里渥洼種名動帝王家金鑾當日奏草
落筆萬龍蛇帶得無邊春下等待江山都
老教看鬢方鴉莫管錢流地且擬醉黃花
喚雙成歌弄玉舞綠華一觴爲飲千歲
江海吸流霞聞道清都帝所要挽銀河仙

漠西北洗胡沙回首日邊去雲裏認飛車

和王政之右司吳江觀雪見寄

造化故豪縱千里玉鸞飛等閑更把萬斛瓊粉蓋玻璨好卷垂虹千丈只放冰壺一色雲海路應迷老子舊游處回首夢耶非謫仙人鷗鳥伴兩忘機掀髯把酒一笑詩在片帆西寄語煙波舊侶聞道蓴鱸正美休裂芰荷衣上界足官府汗漫與君期

九日遊雲洞和韓南澗尚書韻

以下三首皆丙午丁未間作時公已落職家居觀末三首櫽寫歸來句可見

今日復何日黃菊爲誰開淵明謾愛重九胷次正崔嵬酒亦關人何事政自不能不爾誰遣白衣來醉把西風扇隨處障塵埃

爲公飲須一日三百盃此山高處東望雲氣見蓬萊翳鳳驂鸞公去落佩倒冠吾事抱病且登臺歸路踏明月人影共徘徊

再用韻呈南澗

千古老蟾口雲洞插天開漲痕當日何事洶湧到崔嵬攫土摶沙兒戲翠谷蒼崖幾

素壁寫歸來是罷官後作 丙午丁未間

答李子永

變風雨化人來萬里須臾耳野馬驟空埃
笑年來蕉鹿夢畫蛇盃黃花憔悴風露
野碧漲荒萊此會明年誰健後日猶今視
昔歌舞只空臺愛酒陶元亮無酒正徘徊

再用韻李子永提幹 甲

君莫賦幽憤一語試相開長安車馬道上
平地起崔嵬我愧淵明久矣猶借此翁湔
洗素壁寫歸來斜日透虛隙一線萬飛埃
斷吾生左持蟹右持盃買山自種雲樹

按南澗集南劒道中詩注云：南澗生於徽宗宣和元年戊戌，至甲子年二十七歲，其七十壽當在淳熙十四年丁未。甲辰乙巳之交，南澗正相慶壽時，公主湖南郡節治役而已。此首從今杖屨南澗云云，蓋已合并之后，南澗俱居信也。

稼三 一

山下斸煙萊百鍊都成繞指萬事直須稱好人世幾興臺劉郎更堪笑剛賦看花回

慶韓南澗尚書七十　丁未作　甲　淳熙十四

上古八千歲纔是一春秋不應此日剛把七十壽君侯看取垂天雲翼九萬里風在下與造物同遊君欲計歲月嘗試問莊周醉淋浪歌窈窕舞溫柔從今杖屨南澗白日爲君留閒道鈞天帝所頻上玉巵春酒冠蓋擁龍樓快上星辰去名姓動金甌

舊本無壽二字

當

應作嘗

珮

丁未戊申間作

席上用黃德和推官韻壽南澗

上界足官府，公是地行僊。青氈劒履舊物，玉立近天顏。莫怪新來白髮，恐是當年柱下，道德五千言。南澗舊活計，猿鶴且相安。

歌秦缶，寶康瓠，世皆然。不知淸廟鍾磬，零落有誰編。莫問行藏用舍，畢竟山林鐘鼎，底事有虧全。再拜荷公賜，雙鶴一千年。

公以雙鶴見壽

和信守鄭舜舉蔗菴韻

送太守王秉

史

萬事到白髮，日月幾西東。羊腸九折歧路，老我慣經從。竹樹前溪風月，雞酒東家父老，一笑偶相逢。此樂竟誰覺，天外有冥鴻。味平生，公與我，定無同。玉堂金馬，自有佳處著詩翁。好鎖雲煙窗戶，怕入丹青圖畫，飛去了無蹤。此語更癡絕，真有虎頭風。

送信守王桂發

酒罷且勿起，重挽使君鬚。一身都是和氣，別去意何如。我輩情鍾休問，父老田頭說

兩以字乙集本皆作似識人妄改也當從此本

乙集作東南不[illegible]

故

尹淚落獨憐渠秋水見毛髮千尺定無魚望靑闕左黃閣右紫樞東風桃李陌上下馬拜除書屈指吾生餘幾多病妨人痛飲此事正愁余江湖有歸雁能寄草堂無

送鄭厚卿赴衡州

寒食不小住千騎擁春衫衡陽石鼓城下記我舊停驂襟以瀟湘桂嶺帶以洞庭靑草紫蓋屹西南文字起騷雅刀劍化耕蠶看使君於此事定不凡奮髯抵几堂上

李子永与之及張南澗俱和在丙午丁未間

尊俎自高談莫信君門萬里但使民歌五
袴歸詔鳳凰啣君去我誰飲明月影成三

提幹李君索余賦野秀綠遶二
詩余詩尋醫久矣姑合二榜之
意賦水調歌頭以遺之然君才
氣不減流輩豈求田問舍而獨
樂其身耶

文字覷天巧亭榭定風流平生邱壑歲晚
也作稻粱謀五畝園中秀野一水田將綠

己酉先生五十

遶氃毰不勝秋飯飽對花竹可是便忘憂

吾老矣探禹穴欠東遊君家風月幾許白鳥去悠悠插架牙籤萬軸射虎南山一騎容我攬鬚不更欲勸君酒百尺臥高樓

元日投宿博山寺見者驚歎其老

頭白齒牙缺，君勿笑衰翁。無窮天地今古，人在四之中。臭腐神奇俱盡，貴賤賢愚等耳，造物也兒童。老佛更堪笑，談妙說虛空。

坐堆豗、行答颯、立龍鍾。有時三盞兩盞、淡酒醉濛鴻。四十九年前事、一百八盤狹路、拄杖倚牆東。老境竟何似、只與少年同。

送楊民瞻

日月如磨蟻萬事且浮休君看簷外江水滾滾自東流風雨瓢泉夜半花草雪樓春到老子已菟裘歲晚問無恙歸計橘千頭夢連環歌彈鋏賦登樓黃雞白酒君去村社一番秋長劍倚天誰問夷甫諸人堪

绍兴二年 公年三二

施师赴 淳熙十四年除知柘案陵吉

绍兴二年除知隆兴府江西安抚使

笑西北有神州此事君自了千古一扁舟

送施樞密聖與帥江西信之識

云水打烏龜石方人也大奇寶

施字

相公倦台鼎要伴赤松遊高牙千里東下

笳鼓萬貔貅試問東山風月更著中年絲

竹留得謝公不孺子宅邊水雲影自悠悠

占古語方人也正黑頭穹龜突兀千丈

石打玉溪流金印沙堤時節畫棟珠簾雲

紹熙三年壬子公五十三歲

親

雨一醉早歸休賤子祝再拜西北有神州

壬子三山被召陳端仁給事飲餞席上作

長恨復長恨裁作短歌行何人爲我楚舞聽我楚狂聲余既滋蘭九畹又樹蕙之百畮秋菊更餐英門外滄浪水可以濯吾纓一盃酒問何似身後名人間萬事毫髮常重泰山輕悲莫悲生離別樂莫樂新相識兒女古今情富貴非吾事歸與白鷗盟

宣州作

題張晉英提舉玉峯樓

木末翠樓出，詩眼巧安排。天公一夜削出，四面玉崔嵬。疇昔此山安在，應為先生見晚，萬馬一時來。白鳥飛不盡，却帶夕陽回。

勸君飲，左手蟹，右手盃。人間萬事變滅，今古幾池臺。君看莊生達者，猶對山林皋壤，哀樂未忘懷。我老尚能賦，風月試追陪。

三山用趙丞相韻答帥幕王君

且有感於中秋近事併見之末

稼軒詞 卷二 十二 四印齋

章

說與西湖客觀水更觀山淡粧濃抹西子喚起一時觀種柳人今天上對酒歌翻水調醉墨捲秋瀾老子興不淺歌舞莫教閑看尊前輕聚散少悲歡城頭無限今古落日曉霜寒誰唱黃雞白酒猶記紅旗清夜千騎月臨關莫說西州路且盡一杯看

郎席和金華杜仲高韻併壽諸友惟酧乃佳耳

萬事一盃酒長歎復長歌杜陵有客剛賦雲外築婆娑須信功名兒輩誰識年來心事古井不生波種種看余髮積雪就中多一二三子問丹桂倩素娥平生螢雪男兒無柰五車何看取長安得意莫恨春風看盡花柳自蹉跎今夕且歡笑明月鏡新磨

醉吟

四坐且勿語、聽我醉中吟。池塘春草未歇、高樹變鳴禽。鴻雁初飛江上、蟋蟀還來牀

下時序百年心誰要卿料理山水有清音
歡多少歌長短酒淺深而今已不如昔
後定不如今閑處直須行樂良夜更教秉
燭高會惜分陰白髮短如許黃菊倩誰簪

題趙晉臣敷文眞得歸方是閑
二堂

十里深窈窕萬瓦碧參差青山屋上流水
屋下綠橫溪眞得歸來咲語方是閑中風
月剩費酒邊詩點檢笙歌了琴罷更圍碁

以下俱戚贊語

王家竹陶家柳謝家池知君勳業未了不是枕流時莫向癡兒說夢且作山人索價頗怪鶴書遲一事定嗔我已辦北山移

賦傅巖叟悠然閣

歲歲有黃菊千載一東籬悠然政須兩字長笑退之詩自古此山元有何事當時纔見此意有誰知君起更斟酒我醉不須辭

回首處雲正出鳥倦飛重來樓上一句端的與君期都把軒窗寫遍更使兒童誦

子似名紹古號十鋒饒州安仁孫石痕里人曾藏印從游於象山之門集卷三有與吳子嗣書八首即此人經德堂記紹熙元年撰見象山集卷五象山卒於紹熙三年此詞云喚起子陸子似在象山卒後作

稼三

得歸去來兮辭萬卷有時用植杖且耘耔

題吳子似瑱山經德堂堂陸象山取名也

喚起子陸子經德問何如萬鍾於我何有不負古人書聞道千章松桂剩有四時柯葉霜雪歲寒餘此是瑱山境還似象山無

耕也餒學也祿孔之徒靑山畢竟升斗此意頗關渠天地淸霄高下日月東西寒暑何用著工夫兩字君勿惜借我榻吾廬

圭

集中最愛說淵明居子益緣
怯花桐同

賦松菊堂

淵明最愛菊三徑也栽松何人收拾千載風味此山中手把離騷讀遍自掃落英餐罷杖屨曉霜濃皎太獨立更插萬芙蓉水潺湲雲澒洞石巃嵸素琴濁酒喚客端有古人風却怪青山能巧政爾橫看成嶺轉面已成峰詩句得活法日月有新工

將遷新居不成戲作時以病止酒且遣去歌者末章及之

我亦卜居者，歲晚望三閭。昂昂千里泛泛不作水中鳬。好在書攜一束莫問家徒四壁，往日置錐無。借車載家具，家具少於車。

舞烏有，歌亡是，飲子虛。二三子者愛我此外故人疏。幽事欲論誰共白鶴飛來似可忽去復何如。衆鳥欣有托，吾亦愛吾廬。

趙昌父七月望日用東坡韻敘太白東坡事見寄過相褒借且有秋水之約八月十四日卧病

博山寺中因用韻爲謝兼寄吳

子似

我志在寥闊，疇昔夢登天。摩挲素月，人世俛仰已千年。有客驂鸞並鳳，云遇青山赤壁，相約上高寒。酌酒援北斗，我亦蝨其間。

少歌曰，神甚放，形則眠。鴻鵠一再高舉，天地睹方圓。欲重歌兮夢覺，推枕惘然獨念，人事底虧全。有美人可語，秋水隔嬋娟。

題永豐楊少游提點一枝堂

萬事幾時足，日月自西東。無窮宙宇，人是一粟太倉中。一葛一裘經歲，一鉢一瓶終日，老子舊家風。更著一盃酒，夢覺大槐宮。記當年，嚇腐鼠，歎冥鴻。衣冠神武門外，驚倒幾兒童。休說須彌芥子，看取鵾鵬斥鷃，小大若爲同。君欲論齊物，須訪一枝翁。

席上爲葉仲洽賦

高馬勿捶面，千里事難量。長魚變化雲雨，無使寸鱗傷。一壑一邱吾事，一斗一石皆醉。風月幾千場。鬚作蝟毛磔。筆作劍鋒長。我憐君。癡絕似。顧長康。綸巾羽扇顛倒。又似竹林狂。解道長江如練。準備停雲堂上。千首買秋光。怨調爲誰賦。一斛貯檳榔。

玉蝴蝶

追別杜仲高

古道行人來去。香紅滿樹。風雨殘花。望斷青山高處。都被雲遮。客重來風流觴詠。春已去光景桑麻。苦無多。一條垂柳。兩箇啼鴉。人家疏疏翠竹，陰陰綠樹，淺淺寒沙。醉兀籃輿，夜來豪飲太狂些。到如今都齊醒却，只依舊無柰愁何。試聽呵，寒食近也，且住爲佳。

王羲之語（下）見閣帖

杜仲（叔）高書來戒酒用韻　丁

貴賤偶然渾似隨風簾幙籬落飛花空使兒曹馬上羞面頻遮向空江誰捐玉珮寄離恨應折疏麻暮雲多佳人何處數盡歸鴉。儂家生涯蠟屐功名破甑交友摶沙

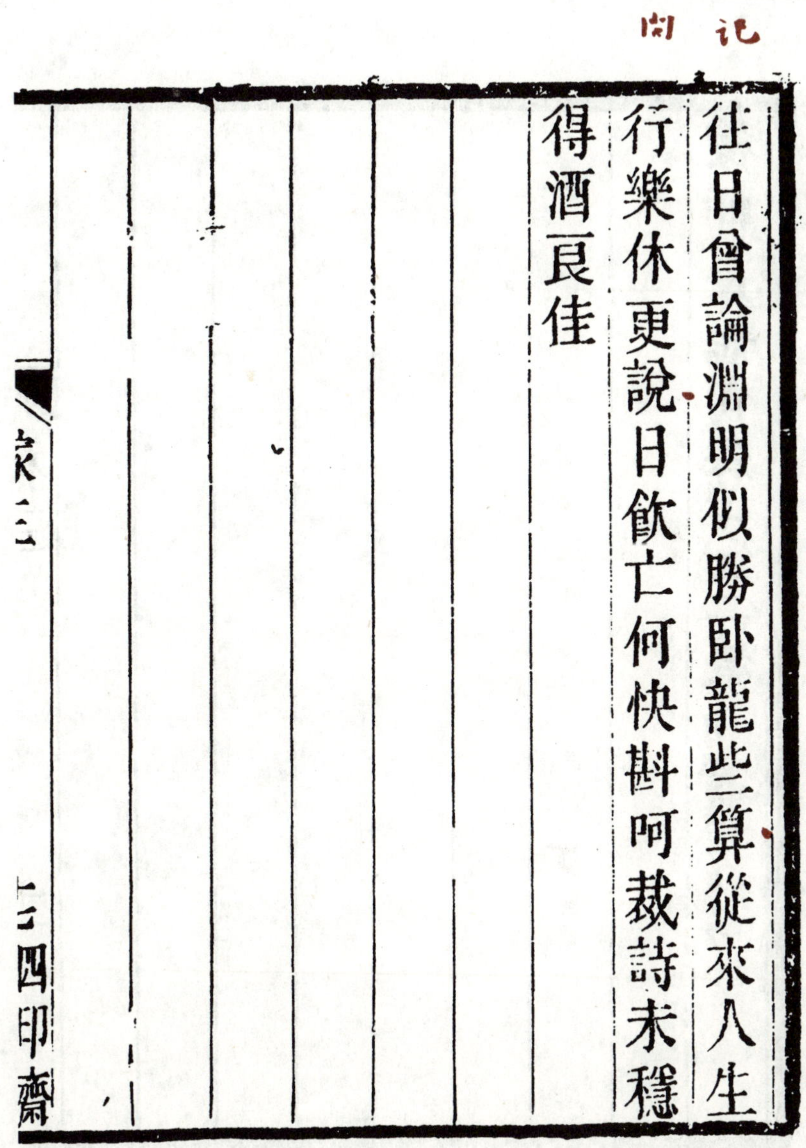

往日曾論淵明似勝臥龍些些算從來人生行樂休更說日飲亡何快斟呵裁詩未穩得酒良佳

稼三 十十

稼軒長短句卷之三終

淳熙本丙午書十首

丁

乾道四五年間作

史致道留守

稼軒長短句卷之四

滿江紅

建康史帥致道席上賦

鵬翼垂空笑人世蒼然無物又還向九重深處玉階山立袖裏珍奇光五色他年要補天西北且歸來談笑護長江波澄碧

佳麗地文章伯金縷唱紅牙拍看尊前飛下日邊消息料想寶香黃閣夢依然畫舫清溪笛待如今端的約鍾山長相識

中秋寄遠

快上西樓怕天放浮雲遮月但喚取玉纖
橫管一聲吹裂誰做冰壺涼世界最憐玉
斧脩時節悶嫦娥孤令有愁無應華髮
雲液滿瓊盃滑長袖舞清歌咽歎十常八
九欲磨還缺但願長圓如此夜人情未必
看承別把從前離恨總成歡歸時說

中秋

美景良辰算只是可人風月況素節揚輝

長是十分淸徹著意登樓瞻玉兔何人張幙遮銀闕倩飛廉得得爲吹開憑誰說弦與望從圓缺今與昨何區別羨夜來手把桂花堪折安得便登天柱上從容陪伴酬佳節更如今不聽塵談淸愁如髮

又

點火櫻桃照一架荼蘼如雪春正好見龍孫穿破紫苔蒼壁乳燕引雛飛力弱流鶯喚友嬌聲怯問春歸不肯帶愁歸腸千結

稼　四　二

層樓望，春山疊。家何在，煙波隔。把古今遺恨，向他誰說。蝴蝶不傳千里夢，子規叫斷三更月。聽聲聲、枕上勸人歸，歸難得。

暮春

可恨東君，把春去春來無迹。便過眼、等閑輸了，三分之一。晝永暖翻紅杏雨，風晴扶起垂楊力。更天涯、芳草最關情，烘殘日。湘浦岸，南塘驛。恨不盡，愁如織。算年年辜負，對他寒食。便恁歸來能幾許，風流早已

甲

積

已自

按湘浦岸字當是湘南作

非疇昔凭畫欄一線數飛鴻沉空碧

又

家住江南又過了清明寒食花徑裏一番風雨一番狼藉紅粉暗隨流水去園林漸覺清陰密算年年落盡刺桐花寒無力庭院靜空相憶無說處閑愁極怕流鶯乳燕得知消息尺素如今何處也綵雲依舊無踪跡謾教人羞去上層樓平蕪碧

贛州席上呈太守陳季陵侍郎

三四印齋

稼四　三

落日蒼茫風纔定片帆無力還記得眉來
眼去水光山色倦客不知身遠近佳人已
卜歸消息便歸來只是賦行雲襄王客
些箇事如何得知有恨休重憶但楚天特
地莫雲凝碧過眼不如人意事十常八九
今頭白笑江州司馬太多情青衫溼

賀王帥宣子平湖南寇　甲　花庵

笳鼓歸來舉鞭問何如諸葛人道是匆匆
五月渡瀘深入白羽生風貔虎譟青溪路

帥字

風生

作風生方與下句對

花庵詞選亦作風生

刮花菴作等

斷𧼮𧾍泣早紅塵一騎落平岡捷書急三萬卷龍頭客渾未得文章力把詩書馬上笑驅鋒鏑金印明年如斗大貂蟬却自兜鍪出待刻公勳業到雲霄浯溪石

又

漢水東流都洗盡髭胡膏血人盡說君家飛將舊時英烈破敵金城雷過耳談兵玉帳冰生頰想王郎結髮賦從戎傳遺業腰間劍聊彈鋏尊中酒堪爲別況故人新

花庵題作感興

己亥先生四十 移漕湖南之年

花庵塵作陳

和楊濟翁韻

擁漢壇旌節馬革裹屍當自誓蛾眉伐性休重說但從今記取楚樓風裴臺月

江行簡楊濟翁周顯先

過眼溪山怪都似舊時曾識還記得夢中行遍江南江北佳處徑須攜杖去能消幾兩平生屐笑塵勞三十九年非長爲客

吳楚地東南坼英雄事曹劉敵被西風吹盡了無塵跡樓觀甫成人已去旌旗未卷頭先白歎人生哀樂轉相尋今猶昔

又

敲碎離愁，紗窗外、風搖翠竹。人去後、吹簫聲斷，倚樓人獨。滿眼不堪三月暮，舉頭已覺千山綠。但試把、一紙寄來書，從頭讀。

相思字，空盈幅。相思意，何時足。滴羅襟點點，淚珠盈掬。芳草不迷行客路，垂楊只礙離人目。最苦是、立盡月黃昏，欄干曲。

又

倦客新豐，貂裘敝、征塵滿目。彈短鋏、青蛇

稼　四　王

三尺浩歌誰續不念英雄江左老用之可以尊中國歎詩書萬卷致君人翻沉陸休感慨澆醽醁人易老歡難足有玉人憐我爲簪黃菊且置請纓封萬戶竟須賣劍酬黃犢甚當年寂寞賈長沙傷時哭

畲

歎年華促

又

風捲庭梧黃葉墜新涼如洗一笑折秋英同賞弄香挼蘂天遠難窮休久望樓高欲下還重倚拚一襟寂寞淚彈秋無人會

集中悽安作詞極少此其一也

刪道

今古恨，沉荒壘。悲歡事，隨流水。想登樓青鬢，未堪憔悴。極目煙橫山數點，孤舟月淡人千里。對嬋娟、從此話離愁，金尊裏。

冷泉亭

甲

直節堂堂，看夾道、冠纓拱立。漸翠谷、羣仙東下，珮環聲急。誰信天峰飛墮地，傍湖千丈開青壁。是當年、玉斧削方壺，無人識。山木潤，琅玕溼。秋露下，瓊珠滴。向危亭橫跨，玉淵澄碧。醉舞且搖鸞鳳影，浩歌莫遣

家四 七 四印齋

魚龍泣恨此中風物本吾家今爲客

再用前韻　甲

照影溪梅悵絕代佳人獨立便小駐雍容
千騎羽觴飛急琴裏新聲風響珮筆端醉
墨鴉棲壁是史君文度舊知名今方識
高欲臥雲還溼清可漱泉長滴快晚風吹
帽滿懷空碧寶馬嘶歸紅旆動龍團試水
銅瓶泣怕他年重到路應迷桃源客

席間和洪景盧舍人兼司馬漢

更　使　贈　冰碾

玩末數句似是居此安作詞附已聲家

帽字甚佳　懷字洪是淺人妄改

水字不易對　應作碾

席間和洪舍人兼簡司馬漢章

此本兼下落去簡字便不詞

史當作使

據此詞乳頭我飲不得御閣題中當日爲大監公此詞當在淳熙四年丁酉由湘與沖後被召時作

賜

章大監

甲

天與文章看萬斛龍文筆力聞道是一詩曾換千金顏色欲說又休新意思强嘀偷笑眞消息算人人合與共乘鸞鑾坡客傾國艷難再得還可恨還堪憶看書尋舊錦衫裁新碧鶯蝶一春花裏活可堪風雨飄紅白問誰家却有燕歸梁香泥溼

送湯朝美自便歸

送湯朝美司諫自便歸金壇

甲

當是在湖南作

朝美云承恩歸詔遂丙午丁未間居饒州者

瘴雨蠻煙十年夢尊前休說春正好故園

桃李待君花發兒女燈前和淚拜雞豚社裏歸時節看依然舌在齒牙牢心如鐵治活國手封侯骨騰汗漫排閶闔待十分做了詩書勳業當日念君歸去好而今却恨中年別笑江頭明月更多情今宵缺

送李正之提刑入蜀

無入蜀二字

甲

蜀道登天一盃送繡衣行客還自歎中年多病不堪離別東北看驚諸葛表西南更草相如檄把功名收拾付君侯如椽筆

前闋及此闋皆蜀中年別[illegible]林玩語句似是湖南作

兒女淚君休滴荆楚路吾能說要新詩準備廬山山邑赤壁磯頭千古浪銅鞮陌上三更月正梅花萬里雪深時須相憶

送信守鄭舜舉被召

湖海平生算不負蒼髯如戟聞道是君王著意太平長策此老自當兵十萬長安正在天西北便鳳凰飛詔下天來催歸急車馬路兒童泣風雨暗旌旗溼看野梅官柳東風消息莫向蔗菴追語笑只今松竹

無顏色。問人間、誰管別離愁，杯中物。

和楊民瞻送祐之弟還侍浮梁

塵土西風，便無限、淒涼行色。還記取、明朝應恨，今宵輕別。珠淚爭垂華燭暗，雁行欲斷哀箏切。看扁舟、幸自澀清溪，休催發。白石路，長亭側。千樹柳，千絲結。怕行人西去，棹歌聲闋。黃卷莫教詩酒汙，玉階不信仙凡隔。但從今、伴我又隨君，佳哉月。

遊南巖和范先之韻

既行人西去句知是湘南作

笑拍洪崖，問千丈翠巖誰削。依舊是西風白鳥，北村南郭。似整復斜僧屋亂，欲吞還吐林煙薄。覺人間、萬事到秋來，都搖落。

呼斗酒，同君酌。更小隱，尋幽約。且丁甯休負，北山猿鶴。有鹿從渠求鹿夢，非魚定未知魚樂。正仰看、飛鳥却驚人，回頭錯。

和范先之雪

天上飛瓊，畢竟向人間情薄。還又跨玉龍歸去，萬花搖落。雲破林梢添遠岫，月明屋

角分層閣記少年駿馬走韓盧掀東郭
吟凍雁嘲飢鵲人已老歡猶昨對瓊瑤滿
地與君酬酢最愛霏霏迷遠近卻收擾擾
還空濶待羔兒酒罷又烹茶揚州鶴

寥廓

病中俞山甫教授訪別病起寄
之 甲

方丈裏

曲几團蒲記方丈君來問疾更夜雨匆匆
別去一盃南北萬事莫侵閑鬢髮百年正
要佳眠食最難忘此語重殷勤千金直

西崦路東巖石攜手處今塵迹望重來猶有舊盟如日莫信蓬萊風浪隔垂天自有扶搖力對梅花一夜苦相思無消息

餞鄭衡州厚卿席上再賦

莫折荼蘼且留取一分春色還記得青梅如豆共伊同摘少日對花渾醉夢而今醒眼看風月恨牡丹笑我倚東風頭如雪榆莢陣菖蒲葉時節換繁華歇算怎禁風雨怎禁鶗鴂老冉冉兮花共柳是棲棲者

送徐倅衡仲之官三山時馬叔會侍郎帥閩

蜂和蝶，也不因春去有閑愁，因離別。

送徐行仲撫幹

絕代佳人，曾一笑傾城傾國。休更歎舊時青鏡，而今華髮。明日伏波堂上客，老當益壯翁應說。恨苦遭鄧禹笑人來，長寂寂。詩酒社，江山筆。松菊徑，雲煙屐。怕一觴一詠，風流絃絕。我夢橫江孤鶴去，覺來却與君相別。記功名萬里要吾身，佳眠食。

又

宦閑時作（辛亥壬子間）次首同

紫陌飛塵望十里雕鞍繡轂春未老已驚臺榭瘦紅肥綠嗁雨海棠猶倚醉舞風楊柳難成曲問流鶯能說故園無曾相熟巖泉上飛鳧浴巢林下棲禽宿恨荼蘼開晚謾翻船玉蓮社豈堪談昨夢蘭亭何處尋遺墨但羈懷空自倚鞦韆無心蹴

「盧國華由閩憲移漕建安」陳端仁給事同諸公餞別余爲酒困臥清涂堂上三鼓方醒「盧國華」賦

詞留別席上和韻青涂端仁堂
名也

宿酒醒時算只有清愁而已人正在清涂
堂上月華如洗紙帳梅花歸夢覺蓴羹鱸
鱠秋風起問人生得意幾何時吾歸矣
君若問相思事料長在歌聲裏這情懷只
是中年如此明月何妨千里隔顧君與我
如何耳向尊前重約幾時來江山美

和盧國華

漢節東南看驪馬光華周道須信是七閩還有福星來到庭草自生心意足榕陰不動秋光好問不知何處著君侯蓬萊島還自笑人今老空有恨縈懷抱記江湖十載厭持旌纛濩落我材無所用易除殆類無根潦但欲搜好語謝新詞羞瓊報

山居即事

幾箇輕鷗來點破一泓澄綠更何處一雙鸂鶒故來爭浴細讀離騷還痛飲飽看脩

三

竹何妨肉。有飛泉日日供明珠、五千斛、春雨滿、秧新穀。閑日永、眠黃犢。看雲連麥隴、雪堆蠶簇、若要足時今足矣、以爲未足何時足。被野老相扶入東園、枇杷熟。

和傅巖叟香月韻

半山佳句最好是吹香隔屋又還怪冰霜側畔蜂兒成簇更把香來薰了月却教影去斜侵竹似神清骨冷住西湖何由俗根老大穿坤軸枝夭嫋蟠龍斛快酒兵長

俊詩壇高築一再人來風味惡兩三盃後花緣熟記五更聯句失彌明龍啣燭

壽趙茂嘉郎中前章記兼濟倉事

我對君侯怪長見兩眉陰德還夢見玉皇金闕姓名仙籍舊歲炊煙渾欲斷被公扶起千人活算胸中除却五車書都無物山左右溪南北花遠近雲朝夕看風流杖屨蒼髯如戟種柳已成陶令宅散花更滿

維摩室勸人間且住五千年如金石

呈趙晉臣敷文

老子平生原自有金盤華屋還又要萬間
寒士眼前突兀一舸歸來輕似葉兩翁相
對清如鵠道如今吾亦愛吾廬多松菊
人道是荒年穀還又似豐年玉甚等閑却
爲鱸魚歸速野鶴溪邊留杖屨行人牆外
聽絲竹問近來風月幾篇詩三千軸

游清風峽和趙晉臣敷文韻

兩峽嶄巖，問誰占、清風舊築。更滿眼、雲來鳥去，澗紅山綠。世上無人供笑傲，門前有客休迎肅。怕淒涼、無物伴君時，多栽竹。風采妙，凝冰玉。詩句好，餘膏馥。嘆只今人物，一夔應足。人似秋鴻無定住，事如飛彈須圓熟。笑君侯、陪酒又陪歌，陽春曲。

木蘭花慢

席上送張仲固帥興元

漢中開漢業，問此地、是耶非。想劍指三秦

君王得意一戰東歸追亡事今不見但山川滿目淚沾衣落日胡塵未斷西風塞馬空肥　一篇書是帝王師小試去征西更草草離筵匆匆去路愁滿旌旗君思我回首處正江涵秋影雁初飛安得車輪四角不堪帶減腰圍

滁州送范倅　甲　花庵

老來情味減對別酒怯流年況屈指中秋十分好月不照人圓無情水都不管共西

花庵作等

花庵承明作恩給

等

尋常泥

留結

風只管送歸船秋晚蓴鱸江上夜深兒女燈前　征衫便好去朝天玉殿正思賢想夜半承明留教視草却遣籌邊長安故人問我道愁腸殢酒只依然目斷秋霄落雁醉來時響空弦

題上饒郡圃翠微樓　丙

舊時樓上客愛把酒對南山笑白髮如今天教放淚來往其間登樓更誰念我却回頭西北望層欄雲雨珠簾畫棟笙歌霧鬢

風鬟　近來堪入畫圖看父老願公歡甚拄笏悠然朝來爽氣正爾相關難忘使君後日便一花一草報平安與客攜壺且醉雁飛秋影江寒

癸

寄題吳克明廣文菊隱　丙

路傍人怪問此隱者姓陶不甚黃菊如雲朝吟暮醉喚不回頭縱無酒成悵望只東籬搔首亦風流與客朝飡一笑落英飽便歸休　古來堯舜有巢由江海去悠悠待

有奇意境

說與佳人種成香草莫怨靈脩我無可無不可意先生出處有如丘聞道問津人過殺雞爲黍相留

中秋飲酒將旦客謂前人詩詞有賦待月無送月者因用天問體賦 丙

可憐今夕月向何處去悠悠是別有人間那邊纔見光景東頭是天外空汗漫但長風浩浩送中秋飛鏡無根誰繫姮娥不嫁

誰留。謂經海底問無由，恍惚使人愁。怕萬里長鯨，從橫觸破，玉殿瓊樓。蝦蟆故堪浴水，問云何玉兔解沈浮？若道都齊無恙，云何漸漸如鉤？

稼軒長短句卷之四終

淳熙本所少者九首

當是乾道四五年間通判建康府時作 公時年二十九三十 此或為稼軒集中之最少作

月字日字皆不佳

日

花庵歸作來 似誤

花庵倩作倖 似誤

盈盈

稼軒長短句卷之五

水龍吟

登建康賞心亭

楚天千里清秋，水隨天去秋無際。遥岑遠目，獻愁供恨，玉簪螺髻。落日樓頭，斷鴻聲裏，江南游子。把吳鉤看了，欄干拍偏，無人會，登臨意。　休說鱸魚堪鱠，儘西風，季鷹歸未。求田問舍，怕應羞見，劉郎才氣。可惜流年，憂愁風雨，樹猶如此。倩何人喚取，紅

巾翠袖搵英雄淚

甲辰歲壽韓南澗尚書

為韓南澗尚書壽 甲辰歲

甲 花庵 草堂

渡江天馬南來幾人眞是經綸手長安父老新亭風景可憐依舊夷甫諸人神州沉陸幾曾回首算平戎萬里功名本是眞儒事公知否 況有文章山斗對桐陰滿庭清晝當年墮地而今試看風雲奔走綠野風煙平泉草木東山歌酒待他年整頓乾坤事了爲先生壽

南澗壽辛侍郎詞見載江湖錄 據刻南澗詩餘已采入

稼軒生日無考 讀此詞知辛與南澗同生於五月 南澗壽詞云南風五月江波 又云正菖蒲葉葉芙蕖未嫩 亦是五月也 下游如

花庵行作如

花庵花椿作松椿

細玩南澗壽詞知似稼軒乙巳年尚在湖南安撫兼知潭州任 且題爲壽辛侍郎知當時尚加此官耳

次年南澗用韻爲僕壽僕與公生日相去一日再和以壽南澗

玉皇殿閣微涼看公重試薰風手高門畫戟桐陰閒道靑靑如舊蘭佩空芳蛾眉誰妒無言搔首甚年年却有呼韓塞上人爭問公安否 金印明年如斗向中州錦衣行畫依然盛事貂蟬前後鳳麟飛走富貴浮雲我評軒冕不如盃酒待從公痛飲八千餘歲伴莊椿壽

盤園任師子嚴挂冠得請取執政書中語以高風名其堂來索詞爲賦水龍吟薌林侍郎向子諲所居高宗皇帝御書所賜名也與盤園相望云

盤園任子嚴安撫挂冠得請客以高風名其堂書來索詞爲賦

斷崖千丈孤松挂冠更在松高處平生袖手故應休矣功名良苦笑指兒曹人間醉夢莫嗔驚汝問黃金餘幾旁人欲說田園計君推去 嘆息薌林舊隱對先生竹窗松戶一花一草一觴一詠風流杖屨野馬塵埃扶搖下視蒼然如許恨當年九老圖中忘却畫盤園路

寄題京口范南伯知縣家文官

花花先白次緋次紫唐會要載

學士院有之

倚欄看碧成朱等閒褪了香袍粉上林高選匆匆又換紫雲衣潤幾許春風朝薰算染爲花忙損笑舊家桃李東塗西抹有多少淒涼恨　擬倩流鶯說與記榮華易消難整人間得意千紅萬紫轉頭春盡白髮憐君儒冠曾悞平生官冷算風流未減年

年醉裏把花枝問

題雨巖巖類今所畫觀音普陁巖中有泉飛出如風雨聲

普陀大士虛空翠巖誰記飛來處蜂房萬點似穿如碍玲瓏窗戶石髓千年已垂未落嶙峋冰柱有怒濤聲遠落花香在人疑是桃源路　又說春雷鼻息是卧龍彎環如許不然應是洞庭張樂湘靈來去我意長松倒生陰壑細吟風雨竟茫茫未曉只

應白髮是開山祖

瓢泉

稼軒何必長貧，放泉簷外瓊珠瀉。樂天知命，古來誰會，行藏用舍。人不堪憂，一瓢自樂，賢哉囘也。料當年曾問，飯蔬飲水，何爲是，栖栖者。　且對浮雲山上，莫匆匆去流山下。蒼顔照影，故應零落，輕裘肥馬。遶齒冰霜，滿懷芳乳，先生飲罷。笑挂瓢風樹，一鳴渠碎，問何如啞。

丁集本又何廉也下有小注渠以事失官五字

用瓢泉韻戲陳仁和兼簡諸葛元亮且督和詞

被公驚倒瓢泉倒流三峽詞源瀉長安紙貴流傳一字千金爭舍割肉懷歸先生自笑又何廉也但啣盃莫問人間豈有如孺子長貧者誰識稼軒心事似風乎舞雩之下回頭落日蒼茫萬里塵埃野馬更想隆中卧龍千尺高吟纔罷倩何人與問雷鳴瓦釜甚黃鐘啞

用些語再題瓢泉歌以飲客聲語甚諧客皆爲之釂

聽兮清珮瓊瑤些明兮鏡秋毫些君無去此流昏漲膩生蓬蒿些虎豹甘人渴而飲汝寧猿猱些大而流江海覆舟如芥君無助狂濤些 路險兮山高些愧余獨處無聊些冬槽春盎歸來爲我製松醪些其外芬芳團龍片鳳煮雲膏些古人兮既往嗟余之樂樂簞瓢些

花庵作南劍

劍。

南澗詩餘有彪趙文題是溪樓或是南澗所自稱之樓作劍亦誤

太誤吾誤龔評卷五瑞鶴仙同題

花庵本作滄

峽下乙乙朱鈔缺兩字

稼 王

過南澗雙溪樓　花庵

舉頭西北浮雲，倚天萬里須長劍。人言此地夜深長見，斗牛光焰。我覺山高，潭空水冷，月明星淡。待燃犀下看，凭欄却怕，風雷怒，魚龍慘。　峽束蒼江對起，過危樓，欲飛還斂。元龍老矣，不妨高卧，冰壺涼簟。千古興亡，百年悲笑，一時登覽。問何人又卸片帆，沙岸繫斜陽纜。

丙

愛李延年歌淳于髡語合爲詞

總是醉明不煩校檢

庶幾高唐神女洛神賦之意云

昔時曾有佳人翩然絕世而獨立未論一顧傾城再顧又傾人國甯不知其傾城傾國佳人難再得看行雲行雨朝朝莫莫陽臺下襄王側　堂上更闌燭滅記主人留髡送客合尊促坐羅襦襟解微聞薌澤當此之時止乎禮義不淫其色但啜其泣矣啜其泣矣又何嗟及

別傳先之提舉時先之有召命

只愁風雨重陽思君不見令人老行期定否征車幾輛去程多少有客書來長安却早去聲傳聞追詔問歸來何日君家舊事直須待爲霖了從此蘭生蕙長吾誰與玩兹芳草自憐拙者功名相避去如飛鳥只有良朋東阡西陌安排似巧到如今巧處依前又拙把平生笑

又

老來曾識淵明夢中一見參差是覺來幽

恨停觴不御欲歌還止白髮西風折腰五斗不應堪此問北窗高卧東籬自醉應别有歸來意　須信此翁未死到如今凜然生氣吾儕心事古今長在高山流水富貴他年直饒未免也應無味甚東山何事當時也道爲蒼生起

摸魚兒

淯熙己亥自湖北漕移湖南同官王正之置酒小山亭爲賦

花庵題暮春
草堂題春晚
絶妙

淳熙元年六月葉衡參知政事

恨　迷　樓

更能消幾番風雨匆匆春又歸去惜春長
怕花開早何況落紅無數春且住見說道
天涯芳草無歸路怨春不語算只有殷勤
畫簷蛛網盡日惹飛絮　長門事準擬佳
期又誤蛾眉曾有人妒千金縱買相如賦
脈脈此情誰訴君莫舞君不見玉環飛燕
皆塵土閑愁最苦休去倚危欄斜陽正在
煙柳斷腸處

觀潮上葉丞相

甲集調名作題山鬼謠

下定月

請

望飛來半空鷗鷺須臾動地鼙鼓截江組練驅山去鏖戰未收貔虎朝又莫悄慣得吳兒不怕蛟龍怒風波平步看紅旆驚飛跳魚直上蹙踏浪花舞　憑誰問萬里長鯨吞吐人間兒戲千弩滔天力倦知何事白馬素車東去堪恨處人道是屬鏤怨憤終千古功名自誤謾教得陶朱五湖西子一舸弄煙雨

雨巖有石狀甚怪取離騷九歌

稼五　八

名曰山鬼因賦摸魚兒改名山

鬼謠　甲

問何年此山來此西風落日無語看君似是羲皇上直作太初名汝溪上路算只有紅塵不到今猶古一盃誰舉笑我醉呼君崔嵬未起山烏覆盃去　須記取昨夜龍湫風雨門前石浪掀舞四更山鬼吹燈嘯驚倒世間兒女依約處還問我清遊杖屨公良苦神交心許待萬里攜君鞭笞鸞鳳

誦我遠遊賦。石泯菴外巨石也長三十餘丈

西河

送錢仲耕自江西漕移守婺州

西江水，道似西江人淚。無情却解送行人，月明千里。從今日日倚高樓，傷心煙樹如薺。

會君難，別君易。草草不如人意。十年著破繡衣茸，種成桃李。問君可是厭承明，東方鼓吹千騎。

對梅花更消一醉。看明年調鼎風味。老病自憐憔悴。過吾廬定有

送陳光宗知縣

幽人相問，歲晚淵明歸來未。

永遇樂

送陳仁和自便東歸陳至上饒之一年得子甚喜

紫陌長安看花年少無限歌舞白髮憐君尋芳較晚捲地驚風雨問君知否鴟夷載酒不似井瓶身誤細思量悲歡夢裏覺來總無尋處　芒鞋竹杖天教還了千古玉溪佳句落魄東歸風流贏得掌上明珠去

起看青鏡南冠好在拂了舊時塵土向君道雲霄萬里這回穩步

梅雪

怪底寒梅一枝雪裏直恁愁絕問訊無言依稀似妬天上飛英白江上一夜瓊瑶萬頃此段如何妬得細看來風流添得自家越樣標格　晩來樓上對花臨鏡學作半粧宮額著意爭妍那知却有人妬花顔色無情休問許多般事且自訪梅踏雪待行

過溪橋夜半更邀素月

戲賦辛字送茂嘉十二弟赴調

烈日秋霜忠肝義膽千載家譜得姓何年細參辛字一笑君聽取艱辛做就悲辛滋味總是辛酸辛苦更十分向人辛辣椒桂擣殘堪吐　世間應有芳甘濃美不到吾家門戶比著兒曹纍纍却有金印光垂組付君此事從今直上休憶對牀風雨但贏得靴紋縐面記余戲語

檢校停雲新種杉松戲作時欲作親舊報書紙筆偶爲大風吹去末章因及之

投老空山，萬松手種，政爾堪嘆。何日成陰，吾年有幾，似見兒孫晚。古來池館，雲煙草棘，長使後人淒斷。想當年、良辰已恨，夜闌酒空人散。　停雲高處，誰知老子，萬事不關心眼。夢覺東窗，聊復爾爾，起欲題書簡。霎時風怒，倒翻筆硯，天也只教吾懶。又何

嘉泰四年甲子作 是年六十五

紹興三十二年先生以忠義軍掌書記奉表歸朝 嘉泰四年先生知鎮江府相距恰四十三年

別本烽火或作燈火非此句言歸朝時出入烽火中耳

事催詩急雨片雲斗暗

京口北固亭懷古

千古江山，英雄無覓孫仲謀處。舞榭歌臺，風流總被雨打風吹去。斜陽草樹，尋常巷陌，人道寄奴曾住。想當年，金戈鐵馬，氣吞萬里如虎。

元嘉草草，封狼居胥，贏得倉皇北顧。四十三年，望中猶記，烽火揚州路。可堪回首，佛貍祠下，一片神鴉社鼓。憑誰問，廉頗老矣，尚能飯否。

歸朝歡

靈山齊菴菖蒲港皆長松茂林獨野櫻花一株山上盛開照映可愛不數日風雨摧敗殆盡意有感因效介菴體爲賦且以菖蒲綠名之丙辰歲三月三日也

山下千林花太俗山上一枝看不足春風正在此花邊菖蒲自蘸清溪綠與花同草木問誰風雨飄零速莫悲歌夜深巖下驚

十三四印齋

勳。白。雲。宿。　病怯殘年頻自卜老愛遺篇難細讀苦無妙手畫於菟人間雕刻眞成鵠夢中人似玉覺來更憶腰如束許多愁問君有酒何不日絲竹

寄題三山鄭元英巢經樓樓之側有尚友齋欲借書者就齋中取讀書不借出

萬里康成西走蜀藥市船歸書滿屋有時光彩射星躔何人汗簡讎天祿好之甯有

石頭記藉端顯出如本此但奇意境已被此老先占

足請看良賈藏金玉記斯文千年未喪四壁聞絲竹　試問辛勤攜一束何似牙籤三萬軸古來不作借人癡有朋只就雲窗讀憶君清夢熟覺來笑我便便腹倚危樓人間誰舞掃地八風曲

題趙晉臣敷文積翠巖

我笑共工緣底怒觸斷峩峩天一柱補天又笑女媧忙却將此石投閑處野煙荒草路先生拄杖來看汝倚蒼苔摩挲試問千

下半闋壽盎家味法尤恩洽

是年六十八

古。幾。風。雨。長被兒童敲火苦，時有牛羊磨角去。霍然千丈翠巖屏，鏘然一滴甘泉乳。結亭三四五，會相暖熱攜歌舞。細思量，古來寒士，不遇有時遇。

丁卯歲寄題眉山李參政石林

見說岷峨千古雪，都作岷峨山上石。君家右史老泉公，千金費盡勤收拾。一堂真石室，空庭更與添突兀。記當時長編筆硯，日日雲煙溼。野老時逢山鬼泣，誰夜持山

稼王 三

去難覓有人依樣入明光玉堦之下巖巖立琅玕無數碧風流不數平原物欲重吟青葱玉樹須倩子雲筆

一枝花

醉中戲作

千丈擎天手萬卷懸河口黃金腰下印大如斗更千騎弓刀揮霍遮前後百計千方入似鬭草兒童贏箇他家偏有算枉了雙眉長恁皺白髮空回首那時閒說向山

花庵作芙蓉

中友看巨隴牛羊更辨賢愚否且自栽花柳怕有人來但只道今朝中酒

喜遷鶯

謝趙晉臣敷文賦芙蓉詞見壽用韻爲謝

花庵題作荷花

芙蓉

暑風涼月愛亭亭無數綠衣持節掩冉如羞參差似妬擁出芙渠花發步襯潘娘堪恨貌比六郎誰潔添白鷺晚晴時公子佳人竝列　休說搴木末當日靈均恨與君

王別心阻媒勞交疎怨極恩不甚兮輕絕千古離騷文字芳至今猶未歇都休問但千盃快飲露荷翻葉

瑞鶴仙

壽上饒倅洪莘之時攝郡事且將赴漕舉

黃金堆到斗怎得似長年畫堂勸酒蛾眉最明秀向水沉煙裏兩行紅袖笙歌擁就爭說道明年時候被姮娥做了慇懃仙桂

一枝入手知否風流別駕近日人呼文章太守天長地久歲上迺翁壽記從來人道相門出相金印纍纍儘有但直須周公拜前魯公拜後

賦梅

雁霜寒透幙正護月雲輕嫩冰猶薄溪奩照梳掠想含香弄粉豔粧難學玉肌瘦弱更重重龍綃襯著倚東風一笑嫣然轉盼萬花羞落寂寞家山何在雪後園林水

花庵作南劍

從是孫氏記

邊樓閣，瑤池舊約，鱗鴻更仗誰托。粉蝶兒只解尋桃覓柳，開遍南枝未覺。但傷心，冷落黃昏，數聲畫角。

南澗雙溪樓 花庵

片帆何太急，望一點須臾，去天咫尺。舟人好看客，似三峽風濤，嵯峨劍戟。溪南溪北，正遐想，幽人泉石。看漁樵指點危樓，却羨舞筵歌席。　嘆息山林，鍾鼎意倦，情遷本無欣戚。轉頭陳迹，飛鳥外，晚煙碧。問誰憐

家五　十六　四印齋

玩結句當是福建之南劍州之帥南時作也，題作南澗者誤

旅次登樓作

奠枕樓者公知滁州時所建，此云旅次，則公已去任矣。惟考公宦跡，淳熙元年以後似無緣再到滁州，此詞之作不能出癸巳甲午兩年也

舊日南樓老子，最愛月明吹笛。到而今撲面黃塵，欲歸未得。

聲聲慢

滁州旅次登奠枕樓作和李清宇韻 甲 花庵

征埃成陣，行客相逢，都道幻出層樓。指點簷牙高處，浪湧雲浮。今年太平萬里，罷長淮千騎臨秋。凭欄望，有東南佳氣，西北神州。千古懷嵩人去，還笑我身在楚尾吳

賦

犀字下空一格

小序舊鈔本作小注

頭看取弓刀陌上車馬如流從今賞心樂事剩安排酒令詩籌華胥夢願年年人似舊游

嘲紅木犀余兒時嘗入京師禁中凝碧池因書當時所見

開元盛日天上栽花月殿桂影重重十里芬芳一枝金粟玲瓏管絃凝碧池上記當時風月愁儂翠華遠但江南草木煙鎖深宮　只爲天姿冷澹被西風醞釀徹骨香

家五　七七四印齋

慶元元二年（？）

公自丙辰徙鉛山，此後似不復居上饒。詞中「白頭見君恨晚」語，殆是最後居饒作。

展。

濃枉學丹蕉葉底偷染妖紅道人取次裝束是自家香底家風又怕是爲淒涼長在醉中

送上饒黃倅職滿赴調

東南形勝人物風流白頭見君恨晚便覺君家叔度去人未遠長憐士元驥足道直須別駕方展問箇裏待怎生銷殺胸中萬卷　況有星辰劍履是傳家合在玉皇香案零落新詩我欠可人消遣留君再三不

住便直饒萬家淚眼怎抵得這眉間黃色一點

隱括淵明停雲詩

停雲靄靄八表同昏盡日時雨濛濛搔首良朋門前平陸成江春醪湛湛獨撫恨彌襟閑飲東窗空延佇恨舟車南北欲往何從　歎息東園佳樹列初榮枝葉再競春風日月于征安得促席從容翩翩何處飛鳥息庭柯好語和同當年事問幾人親友

似翁

稼軒長短句卷之五終

淳熙丙所著署

稼軒長短句卷之六

八聲甘州

壽建康帥胡長文給事時方閱
折紅梅之舞且有錫帶之寵

把江山好處付公來金陵帝王州想今年燕子依然認得王謝風流只用平時尊俎彈壓萬貔貅依舊鈞天夢玉殿東頭　看取黃金橫帶是明年準擬丞相封侯有紅梅新唱香陣卷溫柔且畫堂通宵一醉待

以下三首皆慶元元年至五年間作（？）

削×

從今更數八千秋公知否邦人香火夜半纔收

夜讀李廣傳不能寐因念晁楚老楊民瞻約同居山間戲用李廣事賦以寄之

故將軍飲罷夜歸來長亭解雕鞍恨灞陵醉尉匆匆未識桃李無言射虎山橫一騎裂石響驚弦落魄封侯事歲晚田園　誰向桑麻杜曲要短衣匹馬移住南山看風

流慷慨談笑過殘年漢開邊功名萬里甚當時健者也曾閑紗窗外斜風細雨一陣輕寒

雨中花慢

登新樓有懷趙昌甫徐斯遠韓仲止吳子似楊民瞻

舊雨常來今雨不來佳人偃蹇誰留幸山中芋栗今歲全收貧賤交情落落古今吾道悠悠怪新來却見文反離騷詩發秦州

功名只道無之不樂，那知有更堪憂。怎柰向兒曹抵死嗔，不回頭。石卧山前認虎，蟻喧牀下聞牛。為誰西望憑欄一餉，却下層樓。

吳子似見和再用韻為別

馬上三年，醉帽吟鞍，錦囊詩卷長留。悵溪山舊管，風月新收。明便關河杳杳，去應日月悠悠。笑千篇索價，未抵蒲桃，五斗涼州。停雲老子，有酒盈尊，琴書端可消憂。渾未解傾身一飽，淅米矛頭，心似傷弓寒雁，身如喘月吳牛。曉天涼夜，月明誰伴，吹笛南樓。

漢宮春

立春

春已歸來，看美人頭上，裊裊春旛。無端風雨，未肯收盡餘寒。年時燕子，料今宵夢到西園。渾未辦黃柑薦酒，更傳青韭堆盤。

却笑東風從此，便薰梅染柳，更沒些閑。閑

時又來鏡裏，轉變朱顏。清愁不斷，問何人
會解連環。生怕見花開花落，朝來塞雁先
還。

即事

行李溪頭，有釣車茶具，曲几團蒲。兒童認
得前度，過者籃輿。時時照影，甚此身偏滿
江湖。悵野老行歌不住，定堪與語難呼。
一自東籬搖落，問淵明歲晚，心賞何如。梅
花政自不惡，曾有詩無知翁止酒，待重教

白石有次韵作

以下四首皆嘉泰辛酉至甲子五年中作

蓮社人沽空悵望風流已矣江山特地愁余

會稽蓬萊閣懷古

秦望山頭看亂雲急雨倒立江湖不知雲者爲雨雨者雲乎長空萬里被西風變滅須臾回首聽月明天籟人間萬竅號呼誰向若耶溪上倩美人西去麋鹿姑蘇至今故國人望一舸歸歟歲云莫矣問何不鼓瑟吹竽君不見王亭謝館冷煙寒樹啼

家六　四印齋

白石有次韻作

烏

會稽秋風亭觀雨

亭上秋風記去年嫋嫋曾到吾廬山河舉目雖異風景非殊功成者去覺團扇便與人踈吹不斷斜陽依舊茫茫禹跡都無千古茂陵詞在甚風流章句解擬相如只今木落江冷眇眇愁余故人書報莫因循忘却蓴鱸誰念我新涼燈火一編太史公書

答李兼善提舉和章

心似孤僧更茂林脩竹山上精廬維摩定自非病誰遣文殊白頭自昔歎相逢語密情疎傾蓋處論心一語只今還有公無最喜陽春妙句被西風吹墮金玉鏗如夜來歸夢江上父老歡余荻花深處喚兒童吹火烹鱸歸去也絕交何必更脩山巨源書

畣吳子似總幹和章

以下三首當是淳熙四年丁酉帥隆興时作，蓋公於二年乙未以倉官江西方平剿途馳驛戎馬無暇偶和及平茶寇殘家其时與景伯已為辛矣

達則青雲便玉堂金馬窮則茅廬逍遥小大自適鵬鷃何殊君如星斗燦中天密密疎疎荒草外自憐螢火清光暫有還無千古季鷹猶在向松江道我問訊何如白頭愛山下去翁定嗔余人生謾爾豈食魚必鱠之鱸還自笑君詩頓覺胸中萬卷藏書

滿庭芳

和洪丞相景伯韻 酉

和洪丞相韵呈景廬舍人

梁

和

傾國無媒，入宮見妬，古來顰損蛾眉。看公

傾國無媒入宮見妬古來顰損蛾眉看公
如月光彩衆星稀袖手高山流水聽羣蛙
鼓吹荒池文章手直須補袞藻火粲宗彝
癡兒公事了吳蠶纏繞自吐餘絲萃一
枝麤穩三徑新治且約湖邊風月功名事
欲使誰知都休問英雄千古荒草沒殘碑

甲

和洪丞相景伯韻呈景盧內翰

急管哀絃長歌慢舞連娟十樣宮眉不堪
紅紫風雨曉稀稀惟有楊花飛絮依舊是

稼十六

萍滿芳池酴醾在青虬快剪插遍古銅彝誰將春色去鸞膠難覓絃斷蛛絲恨牡丹多病也費醫治夢裏尋春不見空腸斷怎得春知休惆悵一觴一詠須刻右軍碑

游豫章東湖再用韻

柳外尋春花邊得句怪公喜氣軒眉陽春白雪清唱古今稀曾是金鑾舊客記鳳凰獨遶天池揮毫罷天顏有喜催賜尚方彝（公在詞掖嘗拜尚方寶彝之賜）只今江遠上鈞天夢覺

淸淚如絲算除非痛把酒療花治明日五
湖佳興扁舟去一笑誰知溪堂好且拚一
醉倚杖讀韓碑堂記公所製也

和章泉趙昌父

西崦斜陽東江流水物華不爲人留崢然
一葉天下已知秋屈指人間得意問誰是
騎鶴揚州君知我從來雅興未老已滄州
無窮身外事百年能幾一醉都休恨兒
曹抵死謂我心憂況有溪山杖屨阮籍輩

罷隆興帥任後（丙午丁未間）作

次首同

去此六字

新民選文要官話

須我來游還堪笑機心早覺海上有驚鷗

六么令

用陸氏事送玉山令陸德隆侍親東歸吳中

甲

酒羣花隊攀得短轅折誰憐故山歸夢千里蓴羹滑便整松江一棹點檢能言鴨故人歡接醉懷霜橘墮地金圓醒時覺　長喜劉郎馬上肯聽詩書說誰對叔子風流直把曹劉壓更看君侯事業不負平生學

離觴愁怯送君歸後細寫茶經煮香雪

再用前韻

倒冠一笑華髮玉簪折陽關自來淒斷却怪歌聲滑放浪兒童歸舍莫惱比鄰鴨水連山接看君歸興如醉中醒夢中覺江上吳儂問我一一煩君說忍使尊酒頻空賸欠眞珠壓手把漁竿未穩長向滄浪學問愁誰怯可堪楊柳先作東風滿城雪

醉翁操

當在紹熙五年或慶元元年。細考似在紹熙元年或二年（三）。與范廓之往還之作，惟甲乙丁集有之，丙集獨無。丙集蓋皆帥閩後作，知其帥閩而廓之赴行在，二人蹤跡日疏，果爾，所謂與余遊八年者，當自紹熙辛亥年向上推也。

頃余從范先之求觀家譜，見其冠冕蟬聯，世載勳德。先之甚文而好修，意其昌未艾也。時覃慶勳臣子孫無見仕者，命官之。先是，屢詔甄錄元祐黨籍家，合是二者，先之應仕矣。將告諸朝，行有日，請余作詩以贈。屬余避謗，持此戒甚力，不得如先之之請。又念先之與余遊八年，日從事詩酒間意相得歡甚於其別也何獨能恝然顧先之長於楚詞而妙於琴輒擬醉翁操爲之詞以敘別異時先之綰組東歸僕當買羊沽酒先之爲鼓一再行以爲山中盛事云

長松之風如公肯余從山中人心與吾兮誰同湛湛千里之江上有楓噫送子于東望君之門兮九重女無悅已誰適爲容

丙午丁未間盟鷗作以後

不龜手藥或一朝兮取封昔與遊兮皆童我獨窮兮今翁一魚兮一龍勞心兮忡忡噫命與時逢子之所食兮萬鍾

醜奴兒近

博山道中效李易安體

千峰雲起驟雨一霎兒價更遠樹斜陽風景怎生圖畫青旗賣酒山那畔別有人家只消山水光中無事過者一夏午醉醒時松窗竹戶萬千瀟灑野鳥飛來又是一

淳熙元年甲午作

花庵云作後

般閑暇却怪白鷗覷着人欲下未下舊盟都在新來莫是別有說話

洞仙歌

為葉丞相作

壽葉丞相 甲 花庵

江頭父老說新來朝野都道今年太平也見朱顏綠鬢玉帶金魚相公是舊日中朝司馬　遥知宣勸處東閤華燈別賜仙韶接元夜問天上幾多春只似人間但長見精神如畫好都取山河獻君王看父子貂

蝶玉京迎駕

紅梅

冰姿玉骨自是淸涼■此度濃粧爲誰改向竹籬茅舍幾誤佳期招伊惟滿臉顏紅微帶　壽陽粧鑑裏應是承恩纖手重勻異香在怕等閑春未到雪裏先開風流顯說與羣芳不解更揔做北人未識伊據品調難作杏花看待

訪泉於期思得周氏泉爲賦

奇師

丙午丁未間作

飛流萬壑，共千巖爭秀。孤負平生弄泉手。歎輕衫短帽，幾許紅塵，還自喜，濯髮滄浪依舊。人生行樂耳，身後虛名，何似生前一盃酒。便此地結吾廬，待學淵明，更手種門前五柳。且歸去，父老約重來，問如此青山，定重來否。

浮石山莊 余友月湖道人何同叔之別墅也山類羅浮故以名同叔嘗作遊山次序榜示余且

索詞爲賦洞仙歌以遺之同叔頃遊羅浮遇一老人厖眉幅巾語同叔云當有晚年之契蓋僊云

松關桂嶺，望青葱無路。費盡銀鉤榜佳處。悵空山歲晚，窈窕誰來，須著我，醉卧石樓風雨。

僊人瓊海上，握手當年，笑許君攜半山去。劃疊嶂，卷飛泉，洞府淒涼，又却怕先生多取。怕夜半羅浮有時還，好長把雲煙再三遮住。

開南溪初成賦

婆娑欲舞，怪青山歡喜，分得清溪半篙水。記平沙鷗鷺，落日漁樵，湘江上、風景依然如此。東籬多種菊，待學淵明，酒興詩情不相似。十里漲春波，一棹歸來，只做箇、五湖范蠡。是則是、一般弄扁舟，爭知道他家，有箇西子。

趙晉臣和李能伯韻，屬余同和

趙以兄弟有職名爲寵詞中頗敍其盛故末章有裂土分茅之句

舊交貧賤太半成新貴冠蓋門前幾行李看匆匆西笑爭出山來憑誰問小草何如遠志　悠悠今古事得喪乘除莫四朝三又何異任掀天事業冠古文章有幾箇笙歌院歲況滿屋貂蟬未爲榮記裂土分茅是丞家世

是年六十八　絶筆

丁卯八月病中作

賢愚相去算其間能幾差以毫釐繆千里細思量義利舜跖之分孳孳者等是雞鳴而起　味甘終易壞歲晚還知君子之交淡如水一餉聚飛蚊其響如雷深自覺昨非今是羨安樂窩中泰和湯更劇飲無過半醺而已

驀山溪

停雲竹逕初成

小橋流水，欲下前溪去。喚起故人來，伴先生風煙杖屨。行穿窈窕時，歷小崎嶇，斜帶水，半遮山，翠竹栽成路，一尊遐想，剩有淵明趣。山上有停雲，看山下濛濛細雨。野花啼鳥，不肯入詩來，還一似，笑翁詩，自沒安排處。

趙昌父賦一邱一壑格律高古因效其體

飯蔬飲水客莫嘲吾拙高處看浮雲一邱

丙午丁未間作

壑中間甚樂功名妙手壯也不如人今老矣尙何堪堪釣前溪月　病來止酒辜負鸕鶿杓歲晚念平生待都與鄰翁細說人間萬事先覺者賢乎深雪裏一枝開春事梅先覺

最高樓

醉中有索四時歌爲賦

長安道投老倦游歸七十古來稀藕花雨溼前湖夜桂枝風澹小山時怎消除須殢

孤 孤 對花情味 前 只

酒更吟詩。也莫向竹邊辜負雪，也莫向
柳邊辜負月。閑過了，總成癡。種花事業無
人問，惜花情緒只天知。笑山中雲出早，鳥
歸遲。

和楊民瞻席上用韻賦牡丹

西園買，誰載萬金歸。多病勝遊稀。風斜畫
燭天香夜，涼生翠蓋酒酣時。待重尋居士
譜，謫僊詩。看黃底御袍元自貴，看紅底
狀元新得意。如斗大，笑花癡。漢妃翠被嬌

無柰哭娃粉陣恨誰知但紛紛蜂蝶亂笑

春遲

送丁懷忠教授人廣渠赴調都下久不得書或謂從人辟置或謂徑歸閩中矣

相思苦君與我同心魚沒雁沉沉是夢他松後追軒冕是化爲鶴後去山林對西風直悵望到如今　待不飲柰何君有恨待痛飲柰何吾又病君起舞試重斟蒼梧雲

據錢著洪文敏年譜知此詞當作
於紹熙三年壬子　時先在閩帥任

稼六　十五　四印齋

外湘娥淚鼻亭山下鷓鴣吟早歸來流水
外有知音

慶洪景盧內翰七十　花庵

金閨老眉壽正如川七十目華筵樂天詩
句香山裏杜陵酒債曲江邊問何如歌窈
窕舞嬋娟　更十歲太公方出將又十歲
武公方入相留盛事看明年直須腰下添
金印莫教頭上欠貂蟬向人間長富貴地
行僊

聞前岡周氏旌表有期

君聽取尺布尚堪縫斗粟也堪舂人間朋友猶能合古來兄弟不相容棣華詩悲二叔弔周公　長歎息脊令原上急重歎息豆萁煎正泣形則異氣應同周家五世將軍後前岡千載義居風看明朝丹鳳詔紫泥封

客有敗碁者代賦梅

花知否花一似何郎又似沈東陽瘦稜稜

地天然白冷清清地許多香笑東君還又向北枝忙　著一陣霎時間底雪更一箇缺些兒底月山下路水邊牆風流怕有人知處影兒守定竹旁廂且饒他桃李趁少年場

用韻畣趙晉臣敷文

花好處不趁綠衣郎縞袂立斜陽面皮兒上因誰白骨頭兒裏幾多香儘饒他心似鐵也須忙　甚喚得雪來白倒雪便喚得

月來香殺月誰立馬更窺牆將軍止渴山南畔相公調鼎殿東廂忒高才經濟地戰爭場

吾擬乞歸犬子以田產未置止我賦此罵之按此題元刻作名了此從汲古閣本

吾衰矣須富貴何時富貴是危機暫忘設醴抽身去未曾得米棄官歸穆先生陶縣令是吾師　待葺箇園兒名佚老更作箇亭兒名亦好閑飲酒醉吟詩千年田換八

休

百主一人口插幾張匙便休休更說甚是和非

上西平

會稽秋風亭觀雪

九衢中盃逐馬帶隨車問誰解愛惜瓊華何如竹外靜聽窣窣蠏行沙自憐是海山頭種玉人家　紛如鬭嬌如舞纔整整又斜斜要圖畫還我漁蓑凍吟應笑羔兒無分謾煎茶起來極目向彌茫數盡歸鴉

送杜叔高

恨如新新恨了又重新看天上多少浮雲江南好景落花時節又逢君夜來風雨春歸似欲留人　尊如海人如玉詩如錦筆如神能幾字盡殷勤江天日暮何時重與細論文綠楊陰裏聽陽關門掩黃昏

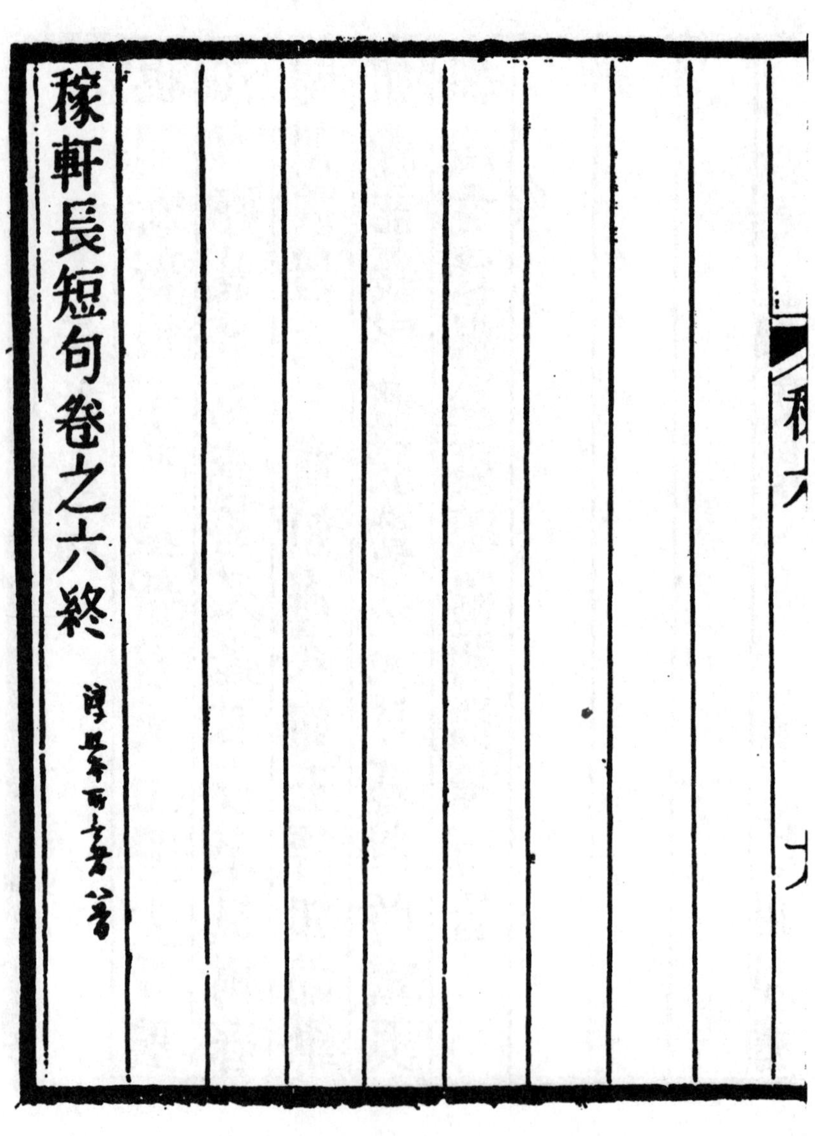

稼軒長短句卷之六終

[illegible]

丙午丁未間作

稼軒長短句卷之七

新荷葉

和趙德莊韻

人已歸來，杜鵑欲勸誰歸。綠樹如雲，等閒付與鶯飛。兔葵燕麥，問劉郎、幾度沾衣。翠屏幽夢，覺來水繞山圍。　有酒重攜，小園隨意芳菲。往日繁華，而今物是人非。春風半面，記當年、初識崔徽。南雲雁少，錦書無箇因依。

稼七　一　四印齋

要前韻三字

再和前韻

春色如愁行雲帶雨纔歸春意長閒游絲盡日低飛閒愁幾許更晚風特地吹衣小窗人靜棊聲似解重圍　光景難攜任他鶗鴂芳菲細數從前不應詩酒皆非知音絃斷笑淵明空撫餘徽停盃對影待邀明月相依

再題傅巖叟悠然閣

種豆南山零落一頃爲萁歲晚淵明也吟

和答老友酬作

草盛苗稀風流剗地向尊前采菊題詩悠然忽見此山正繞東籬　千載襟期高情想像當時小閣横空朝來翠撲人衣是中眞趣問騁懷遊目誰知無心出岫白雲一片孤飛

趙茂嘉趙晉臣和韻見約初秋訪悠然再用韻

物盛還衰眼看春葉秋萁貴賤交情翟公門外人稀酒酣耳熱又何須幽憤裁詩茂

林脩竹小園曲逕疎籬　秋以爲期西風黃菊開時拄杖敲門任他顛倒裳衣去年堪笑醉題詩醒後方知而今東望心隨去鳥先飛

上巳日吳子似謂古今無此詞索賦

曲水流觴賞心樂事良辰蘭蕙光風轉頭天氣還新明眸皓齒看江頭有女如雲折花歸去綺羅陌上芳塵　能幾多春，試聽

啼鳥殷勤對景興懷向來哀樂紛紛且題醉墨似蘭亭列敘時人後之覽者又將有感斯文

徐思上巳乃子似生日因改定

曲水流觴賞心樂事良辰今幾千年風流禊事如新明眸皓齒看江頭有女如雲折花歸去綺羅陌上芳塵　絲竹紛紛楊花飛鳥銜巾爭似羣賢茂林脩竹蘭亭一觴一詠亦足以暢敘幽情清歡未了不如留

住青春

御街行

無題

闌干四面山無數，供望眼，朝與暮。好風催雨過山來，吹盡一簾煩暑。紗厨如霧，簟紋如水，別有生涼處。　冰肌不受鉛華汚，更旖旎，真香聚。臨風一曲最妖嬌，唱得行雲且住。藕花都放，木犀開後，待與乘鸞去。

山中問盛復之提幹行期

人

作雲是

山城甲子冥冥雨，門外青泥路。杜鵑只是等閑啼，莫被他催歸去。垂楊不語，行人去後，也會風前絮。

情知夢裏尋鵷鷺，玉殿追班處。怕君不飲太愁生，不是苦留君住。白頭笑我，年年送客，自喚春江渡。

祝英臺近

晚春

寶釵分，桃葉渡，煙柳暗南浦。怕上層樓，十日九風雨。斷腸片片飛紅，都無人管，更誰勸啼鶯聲住。鬢邊覷，應把花卜歸期，才簪又重數。羅帳燈昏，哽咽夢中語。是他春帶愁來，春歸何處，卻不解、帶將愁去。

與客飲瓢泉，客以泉聲喧靜爲問。余醉，未及答。或者以蟬噪林逾靜代對，意甚美矣。翌日爲賦此詞以褒之

水縱橫，山遠近，拄杖占千頃。老眼羞明，水底看山影。試教水動山搖，吾生堪笑，似此

花庵作信誰喚流鶯
花庵作試
花庵卻作又
喚流
心
將愁歸去
鳴
將

祝英臺近

綠楊堤，青草渡，花片水流去。百舌聲中，喚起海棠睡。斷腸錢塘，悲江啼痕猶在，多應怨夜來風雨。別情苦，馬蹄躑躅長亭，歸期又成誤。簾捲青樓，回首在何處。畫梁燕子雙雙，能言能語，不解道、相思一句。

吴訥百家詞稼軒丁集

甚語

原唱已平常疊韻更不足觀

箇青山無定。一瓢飲、人問翁愛飛泉、來尋箇中靜。遶屋聲喧、怎做靜中境。我眠君且歸休、維摩方丈、待天女散花時問。

婆羅門引

別杜叔高叔高長於楚詞

落花時節杜鵑聲裏送君歸未消文字湘纍只怕蛟龍雲雨後會渺難期更何人念我老大傷悲　已而已而算此意只君知記取岐亭買酒雲洞題詩爭如不見纔相

稼一　　二

見便有別離時千里月兩地相思

用韻別郭逢道

綠陰啼鳥陽關未徹早催歸歌珠悽斷纍纍回首海山何處千里共襟期歎高山流水絃斷堪悲　中心悵而似風雨落花知更擬停雲君去細和陶詩見君何日待瓊林宴罷醉歸時人爭看寶馬來思

用韻畣傅先之時傅宰龍泉歸

龍泉佳處種花滿縣却東歸腰間玉若金

纍須信功名富貴長與少年期悵高山流水古調今悲　臥龍暫而算天上有人知最好五十學易三百篇詩男兒事業看一日須有致君時端的了休便尋思

用韻畣趙晉臣敷文

不堪鶗鴂早教百草放春歸江頭愁殺吾纍却覺君侯雅句千載共心期便留春甚樂樂了須悲　瓊而素而被花惱只鸎知正要千鍾角酒五字裁詩江東日暮道繡

斧人去未多時還又要玉殿論思

趙晉臣敷文張燈甚盛索賦偶憶舊游末章因及之

落星萬點一天寶焰下層霄人間疊作僊鼇最愛金蓮側畔紅粉裊花梢更鳴鼉擊鼓噴玉吹簫　曲江畫橋記花月可憐宵想見閒愁未了宿酒纔消東風搖蕩似楊柳十五女兒腰人共柳那箇無聊

千年調

開山徑得石壁因名曰蒼壁、事出望外意天之所賜邪喜而賦、

左手把青霓、右手挾明月。吾使豐隆前導、叫開閶闔。周遊上下、徑入寥天一。覽玄圃、萬斛泉千丈石。　鈞天廣樂、燕我瑶之席。帝飲予觴甚樂、賜汝蒼壁。嶙峋突兀、正在一邱壑。余馬懷、僕夫悲、下恍惚。

庶菴小閣名曰卮言作此詞以嘲之

他門即他們

稼　七

巵酒向人時，和氣先傾倒。最要然然可可。萬事稱好。滑稽坐上，更對鴟夷笑。寒與熱，總隨人，甘國老。　少年使酒，出口人嫌拗。此箇和合道理，近日方曉。學人言語，未會十分巧。看他門，得人憐，秦吉了。

粉蝶兒

和趙晉臣敷文賦落梅

昨日春如十三女兒學繡。一枝枝不教花瘦。甚無情，便下得雨僝風僽。向園林鋪作

花庵草堂多少好詞不選乃選此詞可怪

壽金陵史致道留守壽

地衣紅縐。而今春似，輕薄蕩子難久記。前時送春歸後，把春波都釀作，一江醇酎。約清愁，楊柳岸邊相候。

千秋歲

金陵壽史帥致道時有版築役

塞垣秋草，又報平安好。尊俎上，英雄表。金湯生氣象，珠玉霏譚笑。春近也，梅花得似人難老。　莫惜金尊倒，鳳詔看看到。留不任，江東小從容帷幄去，整頓乾坤了。千百

花庵　草堂

和人韵

春色重

歲從今盡是中書考

江神子

和人韻　甲

膩雲殘日弄陰晴、晚山明、小溪橫、枝上綿蠻、休作斷腸聲。但是青山山下路、青到處、總堪行。　當年綵筆賦蕪城、憶平生、若爲情、試把靈槎歸路問君平、花底夜深寒、較甚、須拚却玉山傾、

又　乙　有題

梨花著雨晚來晴月朧明淚縱橫繡閣香濃深鎖鳳簫聲未必人知春意思還獨自遶花行　酒兵昨夜壓愁城太狂生轉關情寫盡胸中磈磊未全平卻與平章珠玉價看醉裏錦囊傾

和陳仁和韻

玉簫聲遠憶驂鸞幾悲歡帶羅寬且對花前痛飲莫留殘歸去小窗明月在雲一縷玉千竿　吳霜應點鬢雲斑綺窗閒夢連

意

環說與東風歸興有無間芳草姑蘇臺下路和淚看小屛山

又 乙 有悲回青青

寳釵飛鳳鬢驚鸞望重歡水雲寬腸斷新來翠被粉香殘待得來時春盡也梅結子笋成竿 湘筠簾捲淚痕斑珮聲閒玉垂環箇裏柔温容我老其間却笑平生三羽箭何日去定天山

和人韻 甲

梅梅柳柳鬬纖穠。亂山中。爲誰容。試著春衫依舊怯東風。何處踏青人未去。呼女伴。認驕驄。　兒家門戶幾重重。記相逢。畫樓東。明日重來風雨暗殘紅。可惜行雲春不管。裙帶褪。鬢雲鬆。

博山道中書王氏壁

一川松竹任橫斜、有人家、被雲遮。雪後疎梅。時見兩三花。比著桃源溪上路、風景好、不爭些。　旗亭有酒徑須賒。晚寒咱怎禁

十四印齋

他醉裏匆匆歸騎自隨車白髮蒼顏吾老矣只此地是生涯

聞蟬蛙戲作 丁

簟鋪湘竹帳籠紗醉眠些夢天涯一枕驚回水底沸鳴蛙借問喧天成鼓吹良自苦爲官哪　心空喧靜不爭多病維摩意云何掃地燒香且看散天花斜日綠陰枝上噪還又問是蟬麽

送元濟之歸豫章 丙

西泉本缺注

亂雲擾擾水潺潺。笑溪山幾時閒。更覺桃源人去隔僊凡。桃源乃王氏酒壚與濟之作別處萬壑千巖樓外雪。瓊作樹。玉為欄。倦遊回首且加餐。短蓬寒。畫圖閒。見說嬌顰擁髻待君看。二月東湖湖上路。官柳嫩。野梅殘。

賦梅寄余叔良

暗香橫路雪垂垂。晚風吹。曉風吹。花意爭春。先出歲寒枝。畢竟一年春事了。緣太早。却成遲。未應全是雪霜姿。欲開時。未開

時粉面朱唇一半點胭脂醉裏謗花花莫恨渾冷澹有誰知

別吳子似未寄潘德久

看君人物漢西都過吾廬笑談初便說公卿元自要通儒一自梅花開了後長怕說賦歸歟　而今別恨滿江湖怎消除算何如杖屨當時聞早放教疏今代故交新貴後渾不寄數行書

侍者請先生賦詞自壽

兩輪屋角走如梭太忙些怎禁他擬倩何人天上勸羲娥何似從容來少住傾美酒聽高歌人生今古不消磨積教多似塵沙未必堅牢剗地實堪嗟莫道長生學不得學得後待如何

和李能伯韻呈趙晉臣

五雲高處望西清玉階升棣華榮築屋溪頭樓觀畫難成長夜笙歌還起問誰放月又西沉家傳鴻寶舊知名看長生奉嚴

宸且把風流水北畫耆英咫尺西風詩酒社石鼎句要彌明

青玉案

元夕

東風夜放花千樹，更吹落星如雨。寶馬雕車香滿路，鳳簫聲動，玉壺光轉，一夜魚龍舞。

蛾兒雪柳黄金縷，笑語盈盈暗香去。衆裏尋它千百度，驀然迴首，那人却在，燈火闌珊處。

甲

缺二字空格

按此中領略冷趣是別有懷抱底人

感皇恩　滁州壽范倅

春事到清明，十分花柳喚得笙歌勸君酒酒如春好春色年年依舊青春元不老君知否　席上看君竹清松瘦待與青春鬭長久三山歸路明日天香襟袖更持金盞起爲君壽

又

七十古來稀人人都道不是陰功怎生到

松姿雖瘦偏耐雪寒霜曉看君雙鬢底青青好　樓雪初晴庭闈嬉笑一醉何妨玉壺倒從今康健不用靈丹仙草更看一百歲人難老

慶嬸母王恭人七十

七十古來稀未爲希有須是榮華更長久滿牀靴笏羅列兒孫新婦精神渾似箇西王母　遥想畫堂兩行紅袖妙舞清歌擁前後大男小女逐箇出來爲壽一箇一百

慶元庚申公年六十一
吾謂以此詞爲悼沖佑而作
蓋謂戊午公即起知紹興也
玩詞文一壑一丘，輕衫短帽，當
是奉祠時作，適是歲公沖
越次年以後有

朝東

歲一盃酒

讀莊子「聞朱晦菴即世」丙

案上數編書，非莊即老。會說忘言始知道，萬言千句，不自能忘，堪笑。今朝梅雨霽，青天好。

一壑一邱，輕衫短帽，白髮多時故人少。子雲何在，應有玄經遺草。江河流日夜，何時了。

壽鉛山陳丞及之 丙

富貴不須論，公應自有。且把新詞祝公壽

當年僊桂父子同攀希有人言金殿上他年又冠冕在前周公拜手同日催班魯公後此時人羨綠鬢朱顏依舊親朋來賀喜休辭酒

行香子

三山作

好雨當春要趁歸耕況而今已是清明小窗坐地側聽簷聲恨夜來風夜來月夜來雲花絮飄零鶯燕丁寧怕妨儂湖上閒

行。天。心。肯。後、費。甚。心。情、放。霎。時。陰。霎。時。雨、霎。時。晴。

山居客至

白露園蔬碧水溪魚笑先生釣罷還鋤小窗高卧風展殘書看北山移盤谷序輞川圖 白飯青蒭赤腳長鬚客來時酒盡重沽聽風聽雨吾愛吾廬歎苦無心剛自瘦此君疎

博山戲呈趙昌甫韓仲止

少日嘗聞富不如貧貴不如賤者長存由來至樂總屬閒人且飲瓢泉弄秋水看停雲　歲晚情親老語彌眞記前時勸我慇懃都休殢酒也莫論文把相牛經種魚法教兒孫

雲巖道中

雲岫如簪野漲挼藍向春闌綠醒紅酣青裙縞袂兩兩三三把麴生禪玉版局一時參　拄杖彎環過眼嵌巖岸輕烏白髮鬖

鬖他年來種萬桂千杉聽小綿蠻新格磔舊呢喃

一剪梅

游蔣山呈葉丞相

獨立蒼茫醉不歸、日暮天寒、歸去來兮。探梅踏雪幾何時、今我來思、楊柳依依。白石岡頭曲岸西、一片閒愁、芳草萋萋。多情山鳥不須啼、桃李無言、下自成蹊。

中秋無月

紹興元年乙卯五十一

憶對中秋丹桂叢花在盃中月在盃中今宵樓上一尊同雲溼紗窗雨溼紗窗　渾欲乘風問化工路也難通信也難通滿堂惟有燭花紅盃且從容歌且從容

踏莎行

庚戌中秋後二夕帶湖篆岡小酌

夜月樓臺，秋香院宇，笑吟吟地人來去。是誰秋到便淒涼，當年宋玉悲如許。　隨分

盃盤、等閒歌舞、問他有甚堪悲處思量却也有悲時重陽節近多風雨

賦木犀

弄影闌干吹香嵓谷枝枝點點黃金粟未堪收拾付薰爐窗前且把離騷讀 奴僕葵花兒曹金菊一秋風露清涼足傍邊只欠箇姮娥分明身在蟾宮宿

賦稼軒集經句

進退存亡、行藏用舍、小人請學樊須稼衡

別調有趣

門之下可棲遲日之夕矣牛羊下。去衞靈公遭桓司馬東西南北之人也長沮桀溺耦而耕丘何爲是栖栖者。

和趙國興知錄韻

吾道悠悠憂心悄悄最無聊處秋光到西風林外有啼鴉斜陽山下多衰草。長憶商山當年四老塵埃也走咸陽道爲誰書到便幡然至今此意無人曉。

稼軒長短句卷之七終

讀此卷兩晝而畢

暮春漫興

稼軒長短句卷之八

定風波

（甲　有題）

少日春懷似酒濃插花走馬醉千鍾老去逢春如病酒唯有茶甌香篆小簾櫳　卷盡殘花風未定休恨花開元自要春風試問春歸誰得見飛燕來時相遇夕陽中

大醉歸自葛園家人有痛飲之戒故書于壁

（乙　題下有暮春?四字?）

昨夜山翁倒載歸兒童應笑醉如泥試與

四印齋

未注

扶頭渾未醒休問夢魂猶在葛家溪　欲覓醉鄉今古路知處溫柔東畔白雲西起向綠窗高處看題徧劉伶元自有賢妻

用藥名招婺源馬荀仲游雨嵒

馬善醫

山路風來草木香雨餘涼意到胡牀泉石膏肓吾已甚多病隄防風月費篇章　孤負尋常山簡醉獨自故應知子草玄忙湖海早知身汗漫誰伴只甘松竹共淒涼

戊申至庚戌間作
施師點以淳熙十四年知樞密院事
二年出帥隆興此詞是施家假歸
占之合并此

藥名

仄月高寒水石鄉倚空青碧對禪房白髮自憐心似鐵風月史君子細與平章　平昔生涯笻竹杖來往却慚沙鳥笑人忙便好膾留黃絹句誰賦銀鉤小草晚天涼

施樞密聖與席上賦

春到蓬壺特地晴神仙隊裏相公行翠玉相挨呼小字須記笑簪花底是飛瓊　總是傾城來一處誰妒誰攜歌舞到園亭柳

紹熙庚戌辛亥間作 此後與廓之唱和絕稀

鄴 康

未必能易慣 相伴

紹熙壬子作

妬腰肢花妬艷聽看流鶯直是妬歌聲

席上送范先之游建鄴

聽我尊前醉後歌人生無柰別離何但使情親千里近須信無情對面是山河 寄語石頭城下水居士而今渾不怕風波借使未成鷗鷺伴經慣也應學得老漁蓑

三山送盧國華提刑約上元重來

少日猶堪話別離老來怕作送行詩極目

南雲無過雁君看梅花也解寄相思　無
限江山行未了父老不須和淚看旌旗後
會丁甯何日是須記春風十里放燈時

用韻時國華置酒歌舞甚盛

莫望中州歎黍離元和盛德要君詩老去
不堪誰似我歸卧青山活計費尋思　誰
築詩壇高十丈直上看君斬將更搴旗歌
舞正濃還有語記取鬚髯不似少年時

自和

金印纍纍佩陸離河梁更賦斷腸詩莫擁
旌旗眞箇去何處玉堂元自要論思　且
約風流三學士同醉春風看試幾槍旗從
此酒酣明月夜耳熱那邊應是說儂時

賦杜鵑花

百紫千紅過了春杜鵑聲苦不堪聞却解
啼教春小住風雨空山招得海棠魂　恰
似蜀宮當日女無數猩猩血染赭羅巾畢
竟花開誰作主記取大都花屬惜花人

再用韻和趙晉臣敷文

野草閒花不當春杜鵑却是舊知聞謾道不如歸去住梅雨石榴花又是離魂 前殿羣臣深殿女■數赭袍一點萬紅巾莫問興亡今幾主聽取花前毛羽已羞人

破陣子

爲范南伯壽時南伯爲張南軒辟宰盧溪南伯遲遲未行因作此詞以勉之

擲地劉郎玉斗，挂帆西子扁舟。千古風流今在此，萬里功名莫放休。君王三百州。燕雀豈知鴻鵠，貂蟬元出兜鍪。却笑盧溪如斗大，肯把牛刀試手不。壽君雙玉甌。

為陳同甫賦壯詞以寄之

醉裏挑燈看劍，夢回吹角連營。八百里分麾下炙，五十絃翻塞外聲。沙場秋點兵。馬作的盧飛快，弓如霹靂弦驚。了却君王天下事，贏得生前身後名。可憐白髮生。

贈行

少日春風滿眼、而今秋葉辭柯。便好消磨心下事、也憶尋常醉後歌。新來白髮多。

明日扶頭顛倒、倩誰伴舞婆娑。我定思君拚瘦損、君不思兮可柰何。天寒將息呵。

趙晉臣敷文幼女縣主覓詞

菩薩藂中惠眼頑人詩裏娥眉天上人間眞福相畫就描成好靨兒行時嬌更遲勸酒偏他最劣笑時猶有些痴更著十年

君看取兩國夫人更是誰殷勤秋水詞

峽石道中有懷吳子似縣尉

宿麥畦中雉鷇柔桑陌上蠶生騎火須防花月暗玉唾長攜綵筆行隔牆人笑聲莫說弓刀事業依然詩酒功名千載圖中今古事萬石溪頭長短亭小塘風浪平時修圖經築亭嵊

臨江仙

探梅

老去惜花心已嬾愛梅猶遶江村一枝先破玉溪春更無花態度全是雪精神　賸向青山餐秀色爲渠著句清新竹根流水帶溪雲醉中渾不記歸路月黄昏

醉宿崇福寺寄祐之弟祐之以僕醉先歸

莫向空山吹玉笛壯懷酒醒心驚四更霜月太寒生被翻紅錦浪酒滿玉壺冰　小陸未須臨水笑山林我輩鍾情今宵依舊

稼軒　　七、四印齋

和前韵

醉中行試尋殘菊處中路候淵明

再用韻送祐之弟歸浮梁 甲

鍾鼎山林都是夢人間寵辱休驚只消閒處過平生酒盃秋吸露詩句夜裁冰 記取小窗風雨夜對牀燈火多情問誰千里伴君行、曉山眉樣翠、秋水鏡般明。

又

小靨人憐都惡瘦、曲眉天與長顰。沉思歡事惜腰身、枕添離別淚、粉落却深勻。 翠

袖盈盈渾力薄、玉笙嫋嫋愁新夕陽依舊
倚窗塵葉紅苔鬱碧深院斷無人

又

逗曉鶯啼聲昵昵掩關高樹冥冥小渠春
浪細無聲井床聽夜雨出蘚轆轤青碧
草旋荒金谷路烏絲重記蘭亭彊扶殘醉
遶雲屏一枝風露溼花重入疎櫺

即席和韓南澗韻

風雨催春寒食近平原一片丹青溪頭喚

渡柳邊行花飛蝴蝶亂桑嫩野蠶生　綠野先生閒袖手却尋詩酒功名未知明日定陰晴今宵成獨醉却笑衆人醒

爲岳母壽

住世都知菩薩行仙家風骨精神壽如山岳福如雲金花湯沐誥竹馬綺羅羣　更願昇平添喜事大家禱祝殷勤明年此地慶佳辰一盃千歲酒重拜太夫人

和信守王道夫韻謝其爲壽時

僕作闘憲

記取年年爲壽客，只今明月相隨。莫教絃管便生衣。引壺觴自酌，須富貴何時。　入手清風詞更好，細書白蠒烏絲。海山問我幾時歸。棗瓜如可啖，直欲覓安期。

又

春色饒君白髮了，不妨倚綠偎紅。翠鬟催喚出房櫳。垂肩金縷窄，醮甲寶杯濃。　睡起鴛鴦飛燕子，門前沙暖泥融。畫樓人把

玉西東舞低花外月唱徹柳邊風

又

金谷無煙宮樹綠嫩寒生怕春風博山微透暖薰籠小樓春色裏幽夢雨聲中別浦鯉魚何日到錦書封恨重重海棠花下去年逢也應隨分瘦忍淚覓殘紅

戲爲期思詹老壽

手種門前烏桕樹而今千尺蒼蒼田園只是舊耕桑盃盤風月夜簫鼓子孫忙

十五年無事客，不妨兩鬢如霜。綠窗剗地調紅粧。更從今日醉，三萬六千場。

又

手撚黃花無意緒，等閒行盡回廊。捲簾芳桂散餘香。枯荷難睡鴨，疏雨暗添塘。憶得舊時攜手處，如今水遠山長。羅巾浥淚別殘粧。舊歡新夢裏，閒處却思量。

和葉仲洽賦羊桃

憶醉三山芳樹下，幾曾風韻忘懷。黃金顏

邑五花開味如盧橘熟貴似荔枝來　聞道商山餘四老橘中自釀秋醅試呼名品細推排重重香肺腑偏殢聖賢盃

又

冷雁寒雲渠有恨春風自滿余懷更教無日不花開未須愁菊盡相次有梅來　多病近來渾止酒小槽空壓新醅青山卻自要安排不須連日醉且進兩三盃

侍者阿錢將行賦錢字以贈之

一自酒情詩興嬾，舞裙歌扇闌珊。好天良夜月團圞。杜陵眞好事，留得一錢看。　歲晚人欺程不識，怎教阿堵留連。楊花榆筴雪漫天。從今花影下，只看綠苔圓。

諸葛元亮席上見和再用韻

夜語南堂新瓦響，三更急雨珊珊。交情莫作碎沙團。死生貧富際，試向此中看。　記取他年耆舊傳，與君名字牽連。清風一枕晚涼天。覺來還自笑，此夢倩誰圓。

寧宗嘉泰二年也 稼軒此上推知公當生於紹興十年庚申

壬戌歲生日書懷

六十三年無限事從頭悔恨難追已知六十二年非只應今日是後日又尋思 少是多非惟有酒何須過後方知從今休似去年時病中留客飲醉裏和人詩

再用圓字韻

窄樣金盃教換了房櫳試聽珊珊莫教秋扇雪團團古今悲笑事長付後人看 記取桔槔春雨後短畦菊艾相連拙於人處

蒼壁初開傳聞遐邇賓客有未睹者羨其巧積纍清風岩石玲瓏之勝既見之乃獨秀是突兀而止共大笑而去主人勸下一轉語爲蒼壁解嘲

巧於天君看流水地難得正方圓

戲爲山園蒼壁解嘲 丁 照今文録上

莫笑吾家蒼壁小稜層勢欲摩空相知惟有主人翁有心雄泰華無意巧玲瓏 天作高山誰得料解嘲試倩楊雄君看當日仲尼窮從人賢子貢自欲學周公

簪花屢墮戲作 丁 丙

鼓子花開春爛漫荒園無限思量今朝拄杖過西鄰急呼桃葉渡爲看牡丹忙 不

管昨宵風雨橫依然紅紫成行白頭陪奉少年場一枝簪不住推道帽簷長

又

醉帽吟鞭花不住却招花共商量人生何必醉爲鄉從教斟酒淺休更和詩忙一斗百篇風月地饒他老子當行從今三萬六千場青青頭上髮還作柳絲長

昨日得家報牡丹漸開連日少雨多晴常年未有僕留龍安蕭

寺諸君亦不果來豈牡丹留不
住爲可恨耶因取來韻爲牡丹
下一轉語

秖恐牡丹留不住與春約束分明未開微
雨半開晴要花開定準又更與花盟　魏
紫朝來將進酒玉盤盂樣先呈鞓紅似向
舞腰橫風流人不見錦繡夜間行

又

老去渾身無著處天教只住山林百年光

景百年心更歡須歎息無病也呻吟　試向浮瓜沉李處清風散髮披襟莫嫌淺後更頻斟要他詩句好須是酒盃深

停雲偶作

偶向停雲堂上坐曉猿夜鶴驚猜主人何事太塵埃低頭還說向被召又重來　多謝北山山下老殷勤一語佳哉借君竹杖與芒鞋徑須從此去深入白雲堆

蝶戀花

和趙景明知縣韻

老去怕尋年少伴畫棟珠簾風月無人管公子看花朱碧亂新詞攪斷相思怨　涼夜愁腸千百轉一雁西風錦字何時遣畢竟啼烏才思短喚回曉夢天涯遠

和楊濟翁韻首句用丘宗卿書中語

點檢笙歌多釀酒蝴蝶西園暖日明花柳醉倒東風眠錦晝覺來小院重攜手可

長

惜春殘風雨又收拾情懷、閒把詩僝僽楊柳見人離別後腰肢近日和他瘦

繼楊濟翁韻餞范南伯知縣歸京口

淚眼送君傾似雨、不折垂楊、只倩愁隨去、有底風光留不住、煙波萬頃春江艣。老馬臨流癡不渡、應惜障泥、忘了尋春路。身在稼軒安穩處、書來不用多行數。

席上贈楊濟翁侍兒

甲

小小年華才月半，羅幕春風，幸自無人見。剛道羞郎低粉面，傍人瞥見囘嬌盼。　昨夜西池陪女伴，柳困花慵，見說歸來晚。勸客持觴渾未慣，未歌先覺花枝顫。

用趙文鼎提舉送李正之提刑韻送鄭元英

莫向樓頭聽漏點，說與行人，默默情千萬。總是離愁無近遠，人間兒女空恩怨。　錦繡心胸冰雪面，舊日詩名，曾道空梁燕。傾

稼八　十四

盞未償平日願一盃早唱陽關勸

客有燕語鶯啼人乍遠之句用爲首句

燕語鶯啼人乍遠却恨西園依舊鶯和燕笑語十分愁一半翠園特地春光暖只道書來無過雁不道柔腸近日無腸斷柄玉莫搖湘淚點怕君喚作秋風扇

送祐之弟　甲　花庵

衰草斜陽三萬頃不算飄零天外孤鴻影

花庵斜陽作殘陽

紹熙庚戌辛亥間作　此後与廓之唱和絕稀

紹熙壬子作

廓　康

未必鷗鳥慣　相伴

妒腰肢花妒艷聽看流鶯直是妒歌聲

席上送范先之游建鄴

聽我尊前醉後歌人生無奈別離何但使情親千里近須信無情對面是山河　寄語石頭城下水居士而今渾不怕風波借使未成鷗鷺伴經慣也應學得老漁蓑

三山送盧國華提刑約上元重來

少日猶堪話別離老來怕作送行詩極目

乾道七年十二月張栻除知嚴州改定此時作
淳熙二年乙未南軒[illegible]廣西經略安撫以此作

再用韻和趙晉臣敷文

野草閒花不當春杜鵑却是舊知聞謾道不如歸去住梅雨石榴花又是離魂　前殿羣臣深殿女■數赭袍一點萬紅巾莫問興亡今幾主聽取花前毛羽已羞人

破陣子

爲范南伯壽時南伯爲張南軒辟宰盧溪南伯遲遲未行因作此詞以勉之

戊申元日立春席間作

長

幾許淒涼須痛飲、行人自向江頭醒。會少離多看兩鬢、萬縷千絲、何況新來病。不是離愁難整頓、被他引惹其他恨。

元日立春 乙

花庵有戊申二字 草堂

誰向椒盤簪綵勝、整整韶華、爭上春風鬢。往日不堪重記省、爲花常把新春恨。春未來時先借問、晚恨開遲、早又飄零近。今歲花期消息定、只愁風雨無憑準。

月下醉書雨巖石浪 甲

九畹芳菲蘭佩好空谷無人自怨蛾眉巧寶瑟泠泠千古調朱絲絃斷知音少　冉冉年華吾自老水滿汀洲何處尋芳草喚起湘纍歌未了石龍舞罷松風曉

用前韻送人行

意態憨生元自好學畫鴉兒舊日偏他巧蜂蝶不禁花引調西園人去春風少　春已無情秋又老誰管閒愁千里青青草今夜倩簪黃菊了斷腸明日霜天曉

又

洗盡機心隨法喜，看取尊前。秋思如春意。誰與先生寬髮齒，醉時惟有歌而已。歲月何須溪上記，千古黃花，自有淵明比。高臥石龍呼不起，微風不動天如醉。

又

何物能令公怒喜，山要人來，人要山無意。恰似哀箏絃下齒，千情萬意無時已。自要溪堂韓作記，今代機雲，好語花難比。老

眼狂花空處起銀鈎未見心先醉

小重山

席上和人韻送李子永提幹

旋製離歌唱未成陽關先畫出柳邊亭中年懷抱管絃聲難忘處風月此時情　夜雨共誰聽儘教清夢去兩三程商量詩價重連城相如老漢殿舊知名

三山與客泛西湖

綠漲連雲翠拂空十分風月處著衰翁垂

的　子

楊影斷岸西東君恩重教且種芙蓉　十里冰晶宮有時騎馬去笑兒童殷勤却謝打頭風船兒住且醉浪花中

茉莉　甲

倩得薰風染綠衣國香收不起透冰肌畧開些箇未多時窗兒外却早被人知　越惜越嬌癡一枝雲鬢上那人宜莫將他去比荼蘼分明是他更韻些兒

南鄉子

無題　乙

隔戶語春鶯。纔掛簾兒斂袂行。漸見凌波羅韈步盈盈。隨笑隨顰百媚生。　著意聽新聲。盡是司空自教成。今夜酒腸難道窄多情。莫放紗籠蠟炬明。

舟中記夢　甲

欹枕艣聲邊。貪聽咿啞聒醉眠。夢裏笙歌花底去。依然翠袖盈盈在眼前。　別後兩眉尖。欲說還休夢已闌。只記埋寃前夜月

相看不管人愁獨自圓

慶前岡周氏旌表

無處著風光天上飛來詔十行父老歡呼童稚舞前岡千載周家孝義鄉　草木盡芬芳更覺溪頭水也香我道烏頭門側畔諸郎準備他年晝錦堂

送趙國宜赴高安戶曹　趙乃茂嘉郎中之子茂嘉常爲高安幕官題詩甚多

日日老萊衣更解風流蠟鳳嬉膝上放教

文度去須知要使人看玉樹枝　剩記乃翁詩綠水紅蓮覓舊題歸騎春衫花滿路相期來歲流觴曲水時

登京口北固亭有懷

何處望神州滿眼風光北固樓千古興亡多少事悠悠不盡長江滾滾流　年少萬兜鍪坐斷東南戰未休天下英雄誰敵手曹劉生子當如孫仲謀

稼軒長短句卷之八終　淳熙本所无者二十首

稼軒長短句卷之九

鷓鴣天

離豫章别司馬漢章大監

聚散匆匆不偶然，二年歷遍楚山川。但將痛飲酬風月，莫放離歌入管絃。　縈緑帶，點青錢，東湖春水碧連天。明朝放我東歸去，後夜相思月滿船。

和張子志提舉

别後粧成白髮新，空教兒女笑陳人。醉尋

夜雨旗亭酒夢斷東風輦路塵 騎騄駬
籋青雲看公冠佩玉階春忠言句句唐虞
際便是人間要路津

又

樽俎風流有幾人當年未遇已心親金陵
種柳歡娛地庾嶺逢梅寂寞濱 樽似海
筆如神故人南北一般春玉人好把新粧
樣淡畫眉兒淺注唇

代人賦

晚日寒鴉一片愁。柳塘新綠却温柔。若教眼底無離恨，不信人間有白頭。　腸已斷，淚難收。相思重上小紅樓。情知已被雲遮斷。頻倚闌干不自由。

又

陌上柔桑破嫩芽。東鄰蠶種已生些。平岡細草鳴黃犢，斜日寒林點暮鴉。　山遠近，路横斜。青旗沽酒有人家。城中桃李愁風雨，春在溪頭薺菜花。

稼九　二

又　花庵題作東陽道中

撲面征塵去路遙香篝漸覺水沉銷山無重數週遭碧花不知名分外嬌　人歷歷馬蕭蕭旌旗又過小紅橋愁邊剩有相思句搖斷吟鞭碧玉梢

花庵梢作捎

又　送人　甲有題

唱徹陽關淚未乾功名餘事且加餐浮天水送無窮樹帶雨雲埋一半山　今古恨幾千般只今離合是悲歡江頭未是風波

頗疑是悲歡之是字當作足字但諸本皆作是

惡別有人間行路難

鷺湖道中

一榻清風殿影涼涓涓流水響回廊千章雲木鈎輈叫十里溪風穲稏香　衝急雨趁斜陽山圍細路轉微茫倦途却被行人笑只爲林泉有底忙

鷺湖歸病起作

枕簟溪堂冷欲秋斷雲依水晚來收紅蓮相倚渾如醉白鳥無言定自愁　書咄咄

且休休。一邱一壑也風流。不知筋力衰多少。但覺新來嬾上樓。

又

指點齋尊特地開風帆莫引酒船回方驚共折津頭栁却喜重尋嶺上梅 催月上喚風來莫愁瓶罄恥金罍只愁畫角樓頭起急管哀絃次第催

又

乙本題 鵞湖歸病起作

花庵題作春行即事 草堂題同花庵

著意尋春嬾便回何如信步兩三盃山纔

稼軒 三

好處行還倦。詩未成時雨早去聲催。攜竹杖更芒鞋朱朱粉粉野蒿開誰家寒食歸甯女笑語柔桑陌上來

又

（鵝湖歸病起作）（甲 有題）

翠木千尋上薜蘿東湖經雨又增波只因買得青山好却恨歸來白髮多　明畫燭洗金荷主人起舞客齊歌醉中只恨歡娛少無奈明朝酒醒何

（明日醒時奈病何）

又

稼軒詞　卷九　四印齋

困不成眠奈夜何情知歸未轉愁多暗將往事思量遍誰把多情惱亂他　些些底事誤人哪不成眞箇不思家嬌癡却妒香香睡喚起醒鬆說夢些些

未當作去

鄭守厚卿席上謝余伯山用其韻

夢斷京華故倦游只今芳草替人愁陽關莫作三疊唱越女應須爲我留　看逸韻自名流靑衫司馬且江州君家兄弟眞堪

笑箇箇能修五鳳樓

和人韻有所贈

趁得西風汗漫游見他歌後怎生愁事如芳草春長在人似浮雲影不留　眉黛斂眼波流十年薄倖謾揚州明朝短棹輕衫夢只在溪南罨畫樓

徐衡仲撫幹惠琴不受

千丈陰崖百丈溪孤桐枝上鳳偏宜玉音落落雖難合橫理庚庚定自奇山谷聽摘阮歌云玄

壁庚庚有橫理人散後月明時試彈幽憤淚空垂一不如却付騷人手留和南風解愠詩

用前韻和趙文鼎提舉賦雪

莫上扁舟訪剡溪淺斟低唱正相宜從教犬吠千家白且與梅成一段奇 香暖處酒醒時畫簷玉筯已偷垂笑君解釋春風恨倩拂蠻牋只費詩

重九席上

戲馬臺前秋鴈飛管絃歌舞更旌旗要知

黃菊淸高處不入當年十二謝詩　傾白酒遶東籬只於陶令有心期明朝九日渾瀟灑莫使尊前欠一枝

又

有甚閒愁可皺眉老懷無緒自傷悲百年旋逐花陰轉萬事長看鬢髮知　溪上枕竹間棋怕尋酒伴懶吟詩十分筋力誇彊健只比年時病起時

送范先之秋試

白苧千袍入嫩涼春蠶食葉響迴廊禹門已準桃花浪月殿先收桂子香　鵬北海鳳朝陽又攜書劍路茫茫明年此日青雲上却笑人間舉子忙

又

一夜清霜變鬢絲怕愁剛把酒禁持玉人今夜相思不想見頻將翠枕移　眞箇恨未多時也應香雪減些兒萎花照面須頻記曾道偏宜淺畫眉

送歐陽國瑞入吳中

莫避春陰上馬遲、春來未有不陰時。人情輾轉閒中看、客路崎嶇倦後知。　梅似雪、柳如絲、試聽別語慰相思。短蓬炊飯鱸魚熟、除却松江枉費詩。

又

木落山高一夜霜、北風驅雁又離行。無言每覺情懷好、不飲能令興味長。　頻聚散、試思量、爲誰春草夢池塘。中年長作東山

恨莫遣離歌苦斷腸

席上再用韻

水底明霞十頃光天教鋪錦襯鴛鴦最憐楊柳如張緒却笑蓮花似六郎　方竹簟小胡牀晚來消得許多涼背人白鳥都飛去落日殘鴉更斷腸

石門道中

山上飛泉萬斛珠懸崖千丈落飀飀已通樵逕行還礙似有人聲聽却無　閒略彴

遠浮屠，溪南修竹有茅廬。莫嫌杖屨頻來往，此地偏宜著老夫。

敗棋罰賦梅雨

漠漠輕陰撥不開，江南細雨熟黃梅。有情無意東邊日，已怒重驚忽地雷。　雲柱礎，水樓臺，羅衣費盡博山灰。當時一識和羹味，便道爲霖消息來。

黃沙道中卽事

句裏春風正剪裁，溪山一片畫圖開。輕鷗

自趁虚船去。荒犬還迎野婦回。 松共竹
翠成堆。要擎殘雪鬭疎梅。亂鴉畢竟無才
思。時把瓊瑶蹴下來。

元溪不見梅

千丈冰溪百步雷。柴門都向水邊開。亂雲
賸帶炊煙去。野水閒將日影來。 穿窈窕
過崔嵬。東林試問幾時栽。動摇意態雖多
竹點綴風流却欠梅。

戲題村舍

遊鵝湖醉書酒家壁

花庵日作入

鷄鴨成羣晚未收，桑麻長過屋山頭。有何不可吾方羨，要底都無飽便休。　新柳樹，舊沙洲，去年溪打那邊流。自言此地生兒女，不嫁余家即聘周。

春日即事題毛村酒壚　花庵

春日平原薺菜花，新耕雨後落羣鴉。多情白髮春無柰，晚日青帘酒易賒。　閒意態，細生涯，牛欄西畔有桑麻。青裙縞袂誰家女，去趁蠶生看外家。

家九　九四印齋

首二句意想奇妙

睡起即事 丁

水荇參差動綠波一池蛇影噤羣蛙因風野鶴飢猶舞積雨山梔病不花名利處戰爭多門前蠻觸日干戈不知更有槐安國夢覺南柯日未斜

又 丙

石壁虛雲積漸高溪聲遶屋幾週遭自從一雨花零落却愛微風草動搖　呼玉友薦溪毛殷勤野老苦相邀杖藜忽避行人

去認是翁來卻過橋

送元濟之歸豫章

欹枕婆娑兩鬢霜起聽簷溜碎喧江那邊玉筯銷啼粉這裏車輪轉別腸　詩酒社水雲鄉可堪醉墨幾淋浪畫圖恰似歸家夢千里河山寸許長

尋菊花無有戲作

掩鼻人間臭腐場古今惟有酒偏香自從來往雲煙畔直到而今歌舞忙　呼老伴

共秋光黃花何處避重陽要知爛熳開時節直待西風一夜霜

席上吳子似諸友見和再用韻答之

翰墨諸公久擅場胸中書傳許多香都無絲竹啣杯樂卻有龍蛇落筆忙　閒意思老風光酒徒今有幾高陽黃花不怯西風冷只怕詩人兩鬢霜

又

自古高人最可嗟。只因疎嬾取名多。居山一似庚桑楚，種樹眞成郭槖駝。　雲子飯，水晶瓜。林間攜客更烹茶。君歸休矣吾忙甚，要看蜂兒晚趁衙。

三山道中

抛却山中詩酒窠。却來官府聽笙歌。閒愁做弄天來大，白髮栽埋日許多。　新劍戟，舊風波。天生予嬾柰予何。此身已覺渾無事，却教兒童莫恁麽。

壬子作 [illegible] 此二首既次前韻乃知前詞亦同時作

又（丙）

點盡蒼苔色欲空竹籬茅舍要詩翁花餘歌舞歡娛外詩在經營慘澹中　聽軟語笑衰容一枝斜墜翠鬟鬆淺顰深笑誰堪醉看取瀟然林下風

用前韻賦梅三山梅開時猶有青葉予時病齒（丙）

病繞梅花酒不空齒牙牢在莫欺翁恨無飛雪青松畔却放疏花翠葉中　冰作骨

玉爲容常年宫額鬢雲鬆直須爛醉燒銀燭橫笛難挑一再風

又

桃李漫山過眼空也宜惱損杜陵翁若將玉骨冰姿比李蔡爲人在下中。尋驛使寄芳容壠頭休放馬蹄鬆吾家籬落黄昏後剩有西湖處士風

有感

出處從來自不齊後車方載太公歸誰知

語本於竹夷齋子正向空山賦采薇

寂寞空山裏，却有高人賦采薇。黃菊嫩晚香枝，一般同是采花時。蜂兒辛苦多官府，蝴蝶花間自在飛。

讀淵明詩不能去手，戲作小詞以送之

晚歲躬耕不怨貧，隻雞斗酒聚比鄰。都無晉宋之間事，自是羲皇以上人。千載後百篇存，更無一字不清眞。若教王謝諸郎在，未抵柴桑陌上塵。

慶元四年公五十九歲

又

鬢底青青無限春落紅飛雪謾紛紛黃花也伴秋光老何似尊前見在身　書萬卷筆如神眼看同輩上青雲箇中不許兒童會只恐功名更逼人

戊午拜復職奉祠之命

老退何曾說著官今朝放罪上恩寬便支香火眞祠俸更綴文書舊殿班　扶病腳洗衰顏快從老病借衣冠此身忘世渾容

易使世相忘却自難。

和趙晉臣敷文韻

綠鬢都無白髮侵醉時拈筆越精神愛將蕪語追前事、更把梅花比那人。回急雪遏行雲近時歌舞舊時情君侯要識誰輕重看取金盃幾許深

和傅先之提舉賦雪

泉上長吟我獨清喜君來共雪爭明已驚竝水鷗無色更怪行沙蟹有聲　添爽氣

動雄情奇因六出憶陳平却嫌鳥雀投林去觸破當樓雲母屏

博山寺作

不向長安路上行却教山寺厭逢迎味無味處求吾樂材不材間過此生　甯作我豈其卿人間走遍却歸耕一松一竹眞朋友山鳥山花好弟兄

不寐

老病那堪歲月侵霎時光景値千金一生

不負溪山債，百藥難醫書史淫。隨巧拙，任浮沉，人無同處面如心。不妨舊事從頭記，要寫行藏入笑林。

有客慨然談功名，因追念少年時事，戲作

壯歲旌旗擁萬夫，錦襜突騎渡江初。燕兵夜娖（側角切）銀胡𩎚，漢箭朝飛金僕姑。追往事，歎今吾，春風不染白髭鬚。却將萬字平戎策，換得東家種樹書。

祝艮顯家牡丹一本百朵

占斷雕欄只一株春風費盡幾工夫天香夜染衣猶溼國色朝酣醉未蘇　嬌欲語巧相扶不妨老幹自扶疎恰如翠幙高堂上來看紅衫百子圖

賦牡丹主人以謫花索賦解嘲

翠蓋牙籤數百株楊家姊妹夜游初五花結隊香如霧一朵傾城醉未蘇　閒小立困相扶夜來風雨有情無愁紅慘綠今宵

看恰似吳宮教陣圖

再賦　丙

濃紫深黃一畫圖中間更有玉盤盂先裁翡翠裝成蓋更點胭脂染透酥　香瀲灔錦模糊主人長得醉工夫莫攜弄玉欄邊去羞得花枝一朵無

又　丁

丁集此首在下首之次同一題

去歲君家把酒盃雪中曾見牡丹開而今紈扇蕙風裏又見疏枝月下梅　歡幾許

醉方囘明朝歸路有人催低聲待向他家道帶得歌聲滿耳來

壽吳子似縣尉時攝事城中

上巳風光好放懷故人猶未看花囘茂林映帶誰家竹、曲水流傳第幾盃。摛錦繡寫瓊瑰長年富貴屬多才要知此日生男好曾有周公祓禊來

寄葉仲洽

是處移花是處開、古今興廢幾池臺。背人

翠羽偷魚去，抱蕊黃鬚趁蝶來。掀老甕撥新醅，客來且盡兩三盃。日高盤饌供何晚，市遠魚鮭買未回。

登一邱一壑偶成

莫殢春光花下遊，便須準備落花愁。百年雨打風吹却，萬事三平二滿休。將擾擾付悠悠，此生於世百無憂。新愁次第相抛舍，要伴春歸天盡頭。

和吳子似山行韻 丙

誰共春光管日華朱朱粉粉野蒿花閒愁
殺老無多子酒病而今較減些　山遠近
路橫斜正無聊處管絃譁去年醉處猶能
記細數溪邊第幾家

過峽石用韻答吳子似

歎息頻年廩未高新詞空賀此丘遭遙知
醉帽時時落見說吟鞭步步搖　乾玉唾
禿錐毛只今明月費招邀最憐烏鵲南飛
句不解風流見二喬

欲上高樓本避愁愁還隨我上高樓經行
幾度江山改多少親朋盡白頭　歸休去
去歸休不成人總要封侯浮雲出處元無
定得似浮雲也自由

一片歸心擬亂雲春來諳盡惡黃昏不堪
向晚簷前雨又待今宵滴夢魂　爐燼冷
鼎香氛酒寒誰遣為重溫何人柳外橫
羌笛寄耳那堪不忍聞

右二首見吳訥百家詞稼軒丁集

呉子似過秋水

秋水長廊水石間有誰來共聽潺潺羨君
人物東西晉分我詩名大小山　窮自樂
晩方閒人間路窄酒盃寬看君不了癡兒
事又似風流靖長官

和章泉趙昌父

萬事紛紛一笑中淵明把菊對秋風細看
爽氣今猶在惟有南山一似翁　情味好
語言工三賢高會古來同誰知止酒停雲

以下三首皆甲子乙丑間作

老，獨立斜陽數過鴻。

瑞鷓鴣

京口有懷山中故人

暮年不賦短長詞，和得淵明數首詩。君自不歸歸甚易，今猶未足足何時。偷閒定向山中老，此意須教鶴輩知。聞道只今秋水上，故人曾榜北山移。

京口病中起登連滄觀偶成

聲名少日畏人知，老去行藏與願違。山草

閱稼軒詞竟六十八

舊曾呼遠志，故人今有寄當歸。何人可覓「安心法」，有客來觀「杜德機」。卻笑使君那得似，清江萬頃白鷗飛。

又

膠膠擾擾幾時休，一出山來不自由。秋水觀中山月夜，停雲堂下菊花秋。隨緣道理應須會，過分功名莫強求。先去聲自一身愁不了，那堪愁上更添愁。

乙丑奉祠歸舟次餘干賦

江頭日日打頭風。憔悴歸來邴曼容。鄭賈正應求死鼠。葉公豈是好眞龍。　孰居無事陪犀首。未辦求封遇萬松。卻笑千年曹孟德。夢中相對也龍鍾。

又

期思溪上日千回。樟木橋邊酒數盃。人影不隨流水去。醉顏重帶少年來。　疎蟬響澀林逾靜。冷蝶飛輕菊半開。不是長卿終慢世。只緣多病又非才。

稼軒長短句卷之九終　淳熙本所無者二十一首

稼軒長短句卷之十

玉樓春

席上贈別上饒黃倅

往年巃嵸堂前路，路上人誇通判雨。去年拄杖過瓢泉，縣吏垂頭民歎語。　學窺聖處文章古，清到窮時風味苦。尊前老淚不成行，明日送君天上去。巃嵸、雨巖，堂名。通判雨，當時民謠。吏垂頭，亦渠攝郡時事。

效白樂天體

少年才把笙歌醆，夏日非長，秋夜短。因他老病不相饒，把好心情都做懶。　故人別後書來勸，乍可停盃彊喫飯。云何相見酒邊時，却道達人須引滿。

用韻答葉仲洽

狂歌擊碎村醪醆，欲舞還憐衫袖短。心如溪上釣磯閒，身似道旁官堠嬾。　山中有酒提壺勸，好語憐君堪鮓飯。至今有句落人間，渭水秋風黃葉滿。諺云饞如鶴子，嬾如堠子。

用韻畣吳子似縣尉

君如九醞臺粘醆，我似茅柴風味。短幾時秋水美人來，長恐扁舟乘興嬾。

高懷自飲無人勸，馬有靑芻奴白飯。向來珠履玉簪人，頗覺十量車載滿。

客有遊山者，忘攜具，而以詞來索酒，用韻以畣。余時以病不往。

山行日日妨風雨，風雨晴時君不去。牆頭塵滿短轅車，門外人行芳草路。

城南東

稼軒

二四印齋

野應聯句好記琅玕題字處也應竹裏著行厨已向甕邊防吏部

再和

人間反覆成雲雨鳧雁江湖來又去十千一斗飲中仙一百八盤天上路 舊時楓落吴江句今日錦囊無著處看封關外水雲侯剩按山中詩酒部

戲賦雲山

何人半夜推山去四面浮雲猜是汝常時

相對兩三峰，走遍溪頭無覓處。西風瞥起雲橫度，忽見東南天一柱。老僧拍手笑相夸，且喜青山依舊住。

用韻荅傅巖叟葉仲洽趙國興

青山不解乘雲去，怕有愚公驚著汝。人間踏地出租錢，借使移將無著處。三星昨夜光移度，妙語來題橋上柱。黃花不插滿頭歸，定倩白雲遮且住。

又

無心雲自來還去，元共青山相爾汝。霎時迎雨障崔嵬，雨過却尋歸路處。侵天翠竹何會度，遥見屹然星砥柱。今朝不管亂雲深，來伴仙翁山下住。

又

瘦筇倦作登高去，却怕黄花相爾汝。嶺頭拭目望龍安，更在雲煙遮斷處。思量落帽人風度，休説當年功紀柱。謝公直是愛東山，畢竟東山留不住。

又

風前欲勸春光住春在城南芳草路未隨流落水邊花且作飄零泥上絮鏡中已覺星星誤人不負春春自負夢回人遠許多愁只在梨花風雨處

又

三三兩兩誰家婦聽取鳴禽枝上語提壺沽酒已多時婆餅焦時須早去醉中忘却來時路借問行人家住處只尋古廟那

邊行更過溪南烏桕樹

寄題文山鄭元英巢經樓

悠悠莫向文山去要把襟裾牛馬汝遥知書帶草邊行正在雀羅門裏住　平生插架昌黎句不似拾柴東野苦侵天且擬鳳凰巢掃地從他鸜鵒舞

樂令謂衛玠人未嘗夢擣虀餐鐵杵乘車入鼠穴以謂世無是事故也余謂世無是事而有是

理樂所謂無猶云有也戲作數語以明之

有無一理誰差别樂令區區猶未達事言無處未嘗無試把所無憑理説伯夷飢采西山蕨何異搗虀餐杵鐵仲尼去衛又之陳此是乘車穿鼠穴

隱湖戲作

客來底事逢迎晚竹裏鳴禽尋未見日高猶苦聖賢中門外誰酬蠻觸戰　多方爲

壽六十六

煩

渴泉尋徧何日成陰松種滿不辭長向水
雲來只怕頻頻魚鳥倦

有自九江以石中作觀音像持
送者因以詞賦之

琵琶亭畔多芳草時對香爐峰一笑偶然
重傷玉溪東不是白頭誰覺老　普陀大
士神通妙影入石頭光了了看來持獻可
無言長似慈悲顏色好

乙丑京口奉祠西歸將至仙人

磯

江頭一帶斜陽樹、總是六朝人住處。悠悠興廢不關心、惟有沙洲雙白鷺。　仙人磯下多風雨、好卸征帆留不住。直須抖擻盡塵埃、却趁新涼秋水去。

鵲橋仙

爲人慶八十席上戲作

朱顏暈酒方瞳點漆閒傍松邊倚杖不須更展畫圖看自是箇壽星模樣　今朝盛

帖

事一盃深勸更把新詞齊唱人間八十最
風流長貼在兒兒額上

和范先之送祐之弟歸浮梁

小窗風雨從今便憶中夜笑談清軟啼鴉
衰柳自無聊更管得離人腸斷詩書事
業青氊猶在頭上貂蟬會見莫貪風月臥
江湖道日近長安路遠

花庵

壽徐伯熙察院

賀余察院生日

豸冠風采繡衣聲價會把經綸少試看看

淳熙十六年己酉五十九

有詔日邊來便入侍明光殿裏　東君未老花明柳媚且引玉船沉醉好將三萬六千場自今日從頭數起

己酉山行書所見

松岡避暑，茆簷避雨，閒去閒來幾度。醉扶怪石看飛泉，又却是前回醒處。　東家娶婦，西家歸女，燈火門前笑語。釀成千頃稻花香，夜夜費一天風露。

慶岳母八十

八旬慶會人間盛事齊勸一盃春釀臙脂
小字點眉間猶記得舊時宮樣　綵衣更
著功名富貴直過太公以上大家著意記
新詞遇著箇十年便唱

贈鷺鷥

溪邊白鷺來吾告汝溪裏魚兒堪數主人
憐汝汝憐魚要物我欣然一處　白沙遠
浦青泥別渚剩有鰕跳鰍舞聽君飛去飽
時來看頭上風吹一縷

丙集本調名題可即影像首此本所定

漁父詞

蔣生注題戊戌作

席上和趙晉臣敷文

少年風月、少年歌舞、老去方知堪羨。歎折腰五斗賦歸來、問走了羊腸幾遍。　高車駟馬、金章紫綬、傳語渠儂穩便。問東湖帶得幾多春、且看凌雲筆健。

西江月

江行采石岸戲作漁父詞　甲

千丈懸崖削翠、一川落日鎔金。白鷗來往本無心、選甚風波一任。　別浦魚肥堪膾、

奠枕樓詞如是滁州作
右詞首誤南伯言口人或近
悞與奠枕樓題耳

前村酒美重斟。千年往事已沉沉。閒管興亡則甚

壽范南伯知縣

秀骨青松不老新詞玉佩相磨靈槎準擬泛銀河剩摘天星幾箇南伯去歲七月生子奠枕樓頭風月駐春亭上笙歌留君一醉意如何金印明年斗大

和楊民瞻賦丹桂韻

宮粉厭塗嬌額濃粧再壓秋花西眞人醉

憶仙家飛珮丹霞羽化　十里芬芳未足一亭風露先加杏腮桃臉費鉛華終慣秋蟾影下

癸丑正月四日三山被召經從建安席上和陳安行舍人韻

風月亭危致爽管絃聲脆休催主人只是舊情懷錦瑟旁邊須醉　玉殿何曾儂去沙堤正要公來看看紅藥又翻階趁取西湖春會

當是壬子作蓋其年正月中秋重九後不久便被召離閩矣

用韻和李兼濟提舉

且對東君痛飲莫教華髮空催瓊瑰千字已盈懷消得津頭一醉 休唱陽關別去只今鳳詔歸來五雲兩兩望三台已覺精神聚會

三山作

貪數明朝重九不知過了中秋人生有得許多愁只有黃花如舊 萬象亭中殢酒九仙閣上扶頭城鴉喚我醉歸休細雨斜

風時候。

夜行黃沙道中

明月別枝驚鵲，清風半夜鳴蟬。稻花香裏說豐年，聽取蛙聲一片。 七八箇星天外，兩三點雨山前。舊時茆店社林邊，路轉溪橋忽見。

春晚

賸欲讀書已懶，只因多病長閒。聽風聽雨小窗眠，過了春光太半。 往事如尋去鳥，清愁難解連環。流鶯不肯入西園，喚起畫梁飛燕。

木樨

金粟如來出世蘂宮仙子乘風清香一袖意無窮洗盡塵緣千種　長爲西風作主更居明月光中十分秋意與玲瓏拚却今宵無夢

壽祐之弟時新居落成　丁

壽錢塘弟正月十六日時新居成

畫棟新垂簾幙華燈未放笙歌一盃瀲灧

泛金波先向太夫人賀　富貴吾應自有功名不用渠多只將綠鬢抵羲娥金印須教斗大

遣興

醉裏且貪歡笑要愁那得工夫近來始覺古人書信著全無是處　昨夜松邊醉倒問松我醉何如只疑松動要來扶以手推松曰去

和趙晉臣敷文賦秋水瀑泉

八萬四千偈后更誰妙語披襟紉蘭結佩有同心喚取詩翁來飲　鏤玉裁冰著句高山流水知音胸中不受一塵侵却怕靈均獨醒

悠然閣

一柱中擎遠碧兩峰旁聳高寒橫陳削盡短長山莫把一分增減　我望雲煙目斷人言風景天慳被公詩筆盡追還重上層梯一覽

示兒曹以家事付之

萬事雲煙忽過，百年蒲柳先衰。而今何事最相宜，宜醉，宜遊，宜睡。　早趁催科了納，更量出入收支。酒翁依舊管些兒，管竹，管山，管水。

又

粉面都成醉夢，霜髯能幾春秋。來時誦我伴牢愁，一見尊前似舊。　詩在陰何側畔，字居羅趙前頭。錦囊來往幾時休，已遣蛾

眉等候

朝中措

醉歸寄祐之弟　甲

崇福寺道中歸寄祐之弟

籃輿嫋嫋破重岡，玉笛兩紅粧。這裏都愁酒盡，那邊正和詩忙。爲誰醉倒，爲誰歸去，都莫思量。白水東邊籬落，斜陽欲下牛羊。

又　甲

綠萍池沼絮飛忙，花入蜜脾香。長怪春歸

何處誰知箇裏迷藏　殘雲賸雨些兒意
思直恁思量不是流鶯驚覺夢中啼損紅
粧

又

夜深殘月過山房睡覺北窗涼起遶中庭
獨步一天星斗文章　朝來客話山林鍾
鼎那處難忘君向沙頭細問白鷗知我行
藏

爲人壽

年年黃菊艷秋風更有拒霜紅黃似舊時宮額紅如此日芳容　靑靑未老尊前要看兒輩平戎試釃西江爲壽西江綠水無窮

又　乙　有題同前首

年年金蘂艷西風人與菊花同霜鬢經春重綠仙姿不飮長紅　焚香度日儘從容笑語調兒童一歲一盃爲壽從今更數千鍾

九日小集時楊世長將赴南宮

年年團扇怨秋風愁絕寶盃空山下臥龍丰度臺前戲馬英雄　而今休也花殘一似人老花同莫怪東籬韻減只今丹桂香濃

清平樂

博山道中卽事

栁邊飛鞚露溼征衣重宿鷺窺沙孤影動應有魚鰕入夢　一川明月疎星浣紗人

影娉婷笑背行人歸去門前稚子啼聲

又　甲　花庵

茅簷低小溪上青青草醉裏吳音相媚好白髮誰家翁媼　大兒鋤豆溪東中兒正織雞籠最喜小兒亡賴溪頭看剝蓮蓬

獨宿博山王氏菴　甲

遶牀飢鼠蝙蝠翻燈舞屋上松風吹急雨破紙窗間自語　平生塞北江南歸來華髮蒼顔布被秋宵夢覺眼前萬里江山

檢校山園書所見

連雲松竹，萬事從今足。拄杖東家分社肉，白酒牀頭初熟。西風梨棗山園，兒童偷把長竿。莫遣旁人驚去，老夫靜處閒看。

又

斷崖松竹竹裏藏冰玉路轉清溪三百曲香滿黃昏雪屋　行人繫馬疎籬折殘猶有高枝留得東風數點只緣嬌嫩春遲

爲兒鐵柱作

靈皇醮罷福祿都來也試引鵷鶵花樹下斷了驚驚怕怕從今日日聰明更宜潭妹嵩兒看取辛家鐵柱無災無難公卿

木樨

月明秋曉翠蓋團團好碎剪黃金教恁小都著葉兒遮了打來休似年時小窗能有高低無頓許多香處只消三兩枝兒

再賦

東園向曉陣陣西風好喚起仙人金小小

翠羽玲瓏裝了　一枝枕畔開時羅幃翠幙垂低恁地十分遮護打窗早有蜂兒

憶吳江賞木樨

少年痛飲憶向吳江醒明月團團高樹影十里水沈煙冷　大都一點宮黃人間直恁芳芬怕是秋天風露染教世界都香

壽信守王道夫

此身長健還却功名願枉讀平生三萬卷滿酌金盃聽勸　男兒玉帶金魚能消幾

許詩書料得今宵醉也兩行紅袖爭扶

壽趙民則提刑時新除且素不喜飲

詩書萬卷合上明光殿案上文書看未遍眉裏陰功早見 十分竹瘦松堅看君自是長年若解尊前痛飲精神便是神仙

題上盧橋

清泉犇快不管青山礙十里盤盤平世界更著溪山襟帶 古今陵谷茫茫市朝往

往耕桑。此地居然形勝，似曾小小興亡。

又

清詞索笑，莫厭銀盃小。應是天孫新與巧，剪恨裁愁句好。　有人夢斷關河，小窗日飲亡何。想見重簾不捲，淚痕滴盡湘娥。

呈趙昌甫時僕以病止酒昌甫作詩數篇末及之

雲煙草樹，山北山南雨。溪上行人相背去，惟有啼鴉一處。　門前萬斛春寒，梅花可甦摧殘。使我長忘酒易。要君不作詩難。

書王德由主簿扇

溪回沙淺紅杏都開遍鸂鶒不知春水暖猶傍垂楊春岸　片帆千里輕船行人想見欹眠誰似先生高舉一行白鷺青天

好事近

中秋席上和王路鈐

明月到今宵長是不如人約想見廣寒宮殿正雲梳風掠　夜深休更喚笙歌簷頭

雨聲惡不是小山詞就這一場寥索

送李復州致一席上和韻

和淚唱陽關依舊字嬌聲穩回首長安何處怕行人歸晚　垂楊折盡只啼鴉把離愁勾引却笑遠山無數被行雲低損

席上和王道夫賦元夕立春

綵勝鬬華燈平把東風吹却喚取雪中明月伴使君行樂　紅旗鐵馬響春冰老去此情薄惟有前村梅在倩一枝隨著

和城中諸友韻

雲氣上林梢畢竟非空非色風景不隨人去到而今留得　老無情味到篇章詩債怕人索却笑近來林下有許多詞客

稼軒長短句卷之十終　淳熙本所无者十七首

稼軒長短句卷之十一

菩薩蠻

金陵賞心亭爲葉丞相賦

青山欲共高人語聯翩萬馬來無數煙雨
却低回望來終不來人言頭上髮總向
愁中白拍手笑沙鷗一身都是愁

用前韻

錦書誰寄相思語天邊數偏飛鴻數一夜
夢千回梅花入夢來漲痕紛樹髮霜落

稼十一　一四印齋

稼十一

瀟湘白心事莫驚鷗人間千萬愁

沙洲

又

江搖病眼昏如霧送愁直到津頭路歸念樂天詩人生足別離　雲屏深夜語夢到君知否玉筯莫偷垂斷腸天不知

書江西造口壁

甲一　花庵

鬱孤臺下清江水中間多少行人淚西北望長安可憐無數山　青山遮不住畢竟東流去江晚正愁余山深聞鷓鴣

東　是　江

花庵東流作江流

又

西風都是行人恨馬頭漸喜歸期近試上小紅樓飛鴻字字愁　闌干閒倚處一帶山無數不似遠山横秋波相共明

又

功名飽聽兒童說看公兩眼明如月萬里勒燕然老人書一編　玉階方寸地好趂風雲會他日赤松游依然萬戶侯

送祐之弟歸浮梁　甲

妙

無情最是江頭柳長條折盡還依舊木葉下平湖雁來書有無　雁無書尚可好語憑誰和風雨斷腸時小山生桂枝

送鄭守厚卿赴闕

送君直上金鑾殿情知不久須相見一日甚三秋愁來不自由　九重天一笑定是留中了白髮少經過此時愁奈何

送曹君之莊所

人間歲月堂堂去勸君快上青雲路聖處

一燈傳工夫螢雪邊　麯生風味惡辜負西窗約沙岸片帆開寄書無雁來

席上分賦得櫻桃

香浮乳酪玻璃盌年年醉裏嘗新慣何物比春風歌唇一點紅　江湖淸夢斷翠籠明光殿萬顆瀉輕勻低頭愧野人

賦摘阮

阮琴斜挂香羅綬玉纖初試琵琶手桐葉雨聲乾珍珠落玉盤　朱絃調未慣笑倩

春

東風伴莫作別離聲且聽雙鳳鳴

雪樓賞牡丹席上用楊民瞻韻

紅牙籤上羣仙格翠羅蓋底傾城色和雨淚闌干沉香亭北看　東風休放去怕有流鶯訴試問賞花人曉粧勻未勻

和盧國華提刑　可

旌旗依舊長亭路尊前試點鶯花數何處捧心顰人間別樣春　功名君自許少日聞鷄舞詩句到梅花春風十萬家（時籍中有放自）

便者

贈張醫道服爲別且令餽河豚

萬金不換囊中術上醫元自能醫國軟語到更闌綈袍范叔寒　江頭楊柳路馬踏春風去快趂兩三杯河豚欲上來

趙晉臣席上時張菩提葉燈趙茂嘉扶病携歌者

看燈元是菩提葉依然會說菩提法法似一燈明須臾千萬燈　燈邊花更滿誰把空花散說與病維摩而今天女歌

誰解探玲瓏青山十里空

題雲巖

游人占卻巖中屋白雲只在檐頭宿喔鳥苦相催夜深歸去來　松篁通一徑噤嘐山花冷今古幾千年西鄉小有天

重到雲巖戲徐斯遠

君家玉雪花如屋未應山下成三宿啼鳥幾曾催西風猶未來　山房連石徑雲卧衣裳冷倩得李延年清歌送上天

晝眠秋水

葛巾自向滄浪濯朝來漉酒那堪着高樹莫鳴蟬晚涼秋水眠　竹床能幾尺上有華胥國山上咽飛泉夢中琴斷弦

卜算子

尋春作

脩竹翠蘿寒遲日江山暮幽逕無人獨自芳此恨知無數　只共梅花語懶逐遊絲去著意尋春不肯香香在無尋處

爲人賦荷花

紅粉靚梳粧翠蓋低風風雨占斷人間六月涼明月鴛鴦浦　根底藕絲長花裏蓮心苦只爲風流有許愁更襯佳人步

聞李正之茶馬訃音　此題恐是誤者　丁

欲行且起行欲坐重來坐坐坐行行有倦時更枕閒書臥　病是近來身嬾是從前我淨掃瓢泉竹樹陰且憑隨緣過

飲酒敗德

盜跖儻名丘孔子如名跖跖聖丘愚直到

今美惡無眞實　簡策寫虛名螻蟻侵枯骨千古光陰一霎時且進盃中物

用莊語

一以我爲牛、一以我爲馬。人與之名受不辭、善學莊周者。江海任虛舟、風雨從飄瓦。醉者乘車墜不傷、全得於天也。

漫興

夜雨醉瓜廬春水行秧馬檢點田間快活人未有如翁者　掃秃兔毫錐磨透銅臺

瓦誰伴楊雄作解嘲烏有先生也

又

珠玉作泥沙山谷量牛馬試上纍纍邱壠看誰是强梁者　水浸淺深簷山壓高低瓦山水朝來笑問人翁早歸來也

又

千古李將軍奪得胡兒馬李蔡爲人在下中卻是封侯者　芸草去陳根筧竹添新瓦萬一朝廷舉力田舍我其誰也

用韻酬趙晉臣敷文趙有眞得歸方是閒堂

百郡怯登車千里輸流馬乞得膠膠擾擾身卻笑區區者　野水玉鳴渠急雨珠跳瓦一榻清風方是閒眞是歸來也

又

萬里籲浮雲一噴空凡馬歎息曹瞞老驥詩伏櫪如公者　山鳥哢窺簷野鼠飢翻瓦老我癡頑合住山此地菟裘也

稼十一

齒落

剛者不堅牢柔的難摧挫不信張開口角看舌在牙先墮　已闕兩邊廂又豁中間箇說與兒曹莫笑翁狗竇從君過

飲酒成病

一箇去學仙一箇去學佛仙飲千盃醉似泥皮骨如金石　不飲便康疆佛壽須千百八十餘年入涅盤且進盃中物

飲酒不寫書

一飲動連宵一醉長三日廢盡寒温不寫書富貴何由得 請看塚中人塚似當時筆萬札千書只恁休且進盃中物

醜奴兒

醉中有歌此詩以勸酒者聊櫽括之

晚來雲淡秋光薄落日晴天落日晴天堂上風斜畫燭煙 從渠去買人間恨字字都圓字字都圓腸斷西風十四絃

參

又

尋常中酒扶頭後歌舞支持歌舞支持誰把新詞喚住伊 臨岐也有旁人笑笑已爭知笑已爭知明月樓空燕子飛

書博山道中壁 甲

煙蕪露麥荒池柳洗雨烘晴洗雨烘晴一樣春風幾樣青 提壺脫袴催歸去萬恨千情萬恨千情各自無聊各自鳴

又

此生自斷天休問獨倚危樓獨倚危樓不信人間別有愁　君來正是眠時節君且歸休君且歸休說與西風一任秋

又

少年不識愁滋味愛上層樓愛上層樓爲賦新詞彊說愁　而今識盡愁滋味欲說還休欲說還休卻道天涼好箇秋

又

近來愁似天來大誰解相憐誰解相憐又

太成家

把愁來做箇天、都將今古無窮事、放在愁邊。放在愁邊卻自移家向酒泉。

和鉛山陳簿韻二首 丁[illegible]

鵶湖山下長亭路明月臨關明月臨關幾陣西風落葉乾　新詞誰解裁冰雪筆墨生寒筆墨生寒會說離愁千萬般

又

年年索盡梅花笑疏影黃昏疏影黃昏香滿東風月一痕　清詩冷落無人寄雪豔

乙集本調有贈子文侍人名笑〻一首此本無

冰魂雪豔冰魂浮玉溪頭煙樹村

浣溪沙 乙有題漫興作 丁

未到山前騎馬回風吹雨打已無梅共誰消遣兩三盃 一似舊時春意思百無是處老形骸也曾頭上戴花來

黃沙嶺 雨

寸步人間百尺樓。孤城春水一沙鷗。天風吹樹幾時休。 突兀趂人山石狠朦朧避路野花羞。人家平水廟東頭。

壽內子

壽酒同斟喜有餘朱顏卻對白髭鬚兩人百歲恰乘除　婚嫁剩添兒女拜平安頻拆外家書年年堂上壽星圖

瓢泉偶作

新葺茆簷次第成青山恰對小窗橫去年曾共燕經營　病卻盃盤甘止酒老依香火苦翻經夜來依舊管絃聲

壬子春赴閩憲別瓢泉

紹熙三年　公年五十三

細聽春山杜宇啼一聲聲是送行詩朝來白鳥背人飛　對鄭子眞嵓石卧趂陶元亮菊花期而今堪誦北山移

常山道中卽事

北隴田高踏水頻西溪禾早已嘗新隔牆沽酒煮纖鱗忽有微凉何處雨更無留影雲時雲賣瓜人過竹邊村

偕杜叔高吳子似宿山寺戲作

花向今朝粉面勻柳因何事翠眉顰東風

吹雨細於塵。自笑好山如好色只今懷樹更懷人間愁閒恨一翻新

又

歌串如珠箇箇勻被花勾引笑和顰向來驚動畫梁塵　莫倚笙歌多樂事相看紅紫又拋人舊巢還有燕泥新

又

父老爭言雨水勻眉頭不似去年顰殷勤謝卻甑中塵　啼鳥有時能勸客小桃無

賴已撩人梨花也作白頭新

別杜叔高

這裏裁詩話別離那邊應是望歸期人言心急馬行遲　去雁無憑傳錦字春泥抵死污人衣海棠過了有荼蘼

席上趙景山提幹賦溪臺和韻

臺倚崩崖玉滅痕青山卻作捧心顰遠林煙火幾家村　引入滄浪魚得計展成寥闊鶴能言幾時高處見層軒

又

妙手都無斧鑿痕，飽參佳處卻成顰。恰如春入浣花村。　筆墨今宵光有豔，管絃從此悄無言。主人席次兩眉軒。

種松竹未成

草木於人也作疎，秋來咫尺異榮枯。空山歲晚孰華余。　孤竹君窮猶抱節，赤松子嫩已生鬚。主人相愛肯留無。

種梅菊

山花子調可集皆作浣溪沙

只啟熟深雲

百世孤芳肯自媒直須詩句與推排不然喚近酒邊來　自有陶潛方有菊若無和靖即無梅秖今何處向人開

別澄上人併送性禪師

梅子生時到幾回桃花開後不須猜重來松竹意徘徊　慣聽禽聲應可譜飽觀魚陣已能排晚風挾雨喚歸來

山花子

答傅岊叟酬春之約

艷杏夭桃兩行排莫攜歌舞去相催次第未堪供醉眼去年栽　春意纔從梅裏過人情都向柳邊來咫尺東家還又有海棠開

用韻謝傅岩叟瑞香之惠

句裏明珠字字排多情應也被春催怪得名花和淚送雨中栽　赤腳未安芳斛穩娥眉早把橘枝來報道錦薰籠底下麝臍開

廿二首皆壬子作

三山戲作

記得瓢泉快活時，長年耽酒更吟詩。驀地捉將來斷送，老頭皮。遶屋人扶行不得，閒窗學得鷓鴣啼。卻有杜鵑能勸道，不如歸。

又

日日閒看燕子飛，舊巢新壘畫簾低。玉麻今朝推戊己住啣泥。先自春光留不住，那堪更著子規啼。一陣晚香吹不斷，落花

溪

丙

與客賞山茶一朶忽墮地戲作

酒面低迷翠被重。黃昏院落月朦朧。墮髻啼粧孫壽醉，泥秦宮。 試問花留春幾日，畧無人管雨和風。瞥向綠珠樓下見，墜殘紅。

丙

簡傅嵓叟

總把平生入醉鄉。大都三萬六千場。今古悠悠多少事。莫思量。 微有些寒春雨好。

丙集作辛丑元旦

更無尋處野花香。年去年來還又笑。燕飛忙。

用前韻謝傳喦叟餽名花鮮蕈

楊柳温柔是故鄉紛紛蜂蝶去年場大率一春風雨事最難量　滿把攜來紅粉面堆盤更覺紫芝香幸自麯生閒去了又教忙酒纔止

病起獨坐停雲

彊欲加餐竟未佳只宜長伴病僧齋心似

風吹香篆過也無灰　山下朝來雲出岫　隨風一去未曾回　次第前村行雨了合歸來

虞美人

賦荼蘼

羣花泣盡朝來露爭怨春歸去不知庭下有荼蘼偷得十分春色怕春知　淡中有味清中貴飛絮殘紅避露華微浸玉肌香恰似楊妃初試出蘭湯

荼　英　漻

送趙達夫

壽趙文鼎提舉

翠屏羅幙遮前後舞袖翻長壽紫髯冠佩御爐香看取明年歸奉萬年觴、今宵池上蟠桃席咫尺長安日寶煙飛焰萬花濃試看中間白鶴駕仙風

用前韻

一盃莫落他人後富貴功名壽胸中書傳有餘香寫得蘭亭小字記流觴 問誰分我漁樵席江海消閒日看看天上拜恩濃

稼十一　　十六

卻怕畫樓無處著春風

賦虞美人草　乙　丁[illegible]

當年得意如芳草日日春風好拔山力盡忽悲歌飲罷虞兮從此奈君何　人間不識精誠苦貪看青青舞蘺然斂袂卻亭亭怕是曲中猶帶楚歌聲

浪淘沙

山寺夜半聞鐘　丙

身世酒盃中萬事皆空古來三五箇英雄

雨打風吹何處是漢殿秦宮　夢入少年叢歌舞匆匆老僧夜半誤鳴鐘驚起西窗眠不得捲地西風

賦虞美人草

不肯過江東玉帳匆匆只今草木憶英雄唱著虞兮當日曲便舞春風　兒女此情同往事朦朧湘娥竹上淚痕濃舜蓋重瞳堪痛恨羽又重瞳

送吳子似縣尉

金玉舊情懷風月追陪扁舟千里興佳哉
不似子猷行半路卻棹船回　來歲菊花
開記我清盃西風雁過瑱山臺把似倩他
書不到好與同來

減字木蘭花

宿僧房有作

僧窗夜雨茶鼎熏爐宜小住卻恨春風勾
引詩來惱殺翁　狂歌未可且把一尊料
理我我到亡何卻聽儂家陌上歌

紀壁間題

又

昨朝官告一百五年村父老更莫驚疑剛道人生七十稀　使君喜見恰限華堂開壽宴問壽如何百代兒孫擁太婆

長沙道中壁上有婦人題字若有恨者用其意爲賦　甲

盈盈淚眼。往日青樓天樣遠。秋月春花。輸與尋常姊妹家。　水村山驛。日莫行雲無氣力。錦字偷裁。立盡西風雁不來。

稼軒長短句卷之十一終

淳熙本丙集存二十四首

稼軒長短句卷之十二

南歌子

山中夜坐

世事從頭減秋懷徹底清夜深猶送枕邊聲試問清溪底事未能平　月到愁邊白雞先遠處鳴是中無有利和名因甚山前未曉有人行

獨坐蔗菴

玄入參同契禪依不二門細看斜日隙中

塵始覺人間何處不紛紛　病笑春先到
閒知嬾是眞百般啼鳥苦撩人除却提壺
此外不堪聞

新開池戲作

散髮披襟處浮瓜沉李杯涓涓流水細侵
階鑿箇池兒喚箇月兒來　畫棟頻搖動
紅蕖盡倒開鬭勻紅粉照香腮有箇人人
把做鏡兒猜

醉太平

春晚

態濃意遠眉顰笑淺薄羅衣窄絮風軟鬢雲欺翠捲　南園花樹春光暖紅香徑裏榆錢滿欲上鞦韆又驚嬾且歸休怕晚

漁家傲

爲余伯熙察院壽信之識云水打鳥龜石三台出此時伯熙舊居城西直龜山之北溪水齧山足矣意伯熙當之耶伯熙學道

有新功一日語余云溪上嘗得異石有文隱然如記姓名且有長生等字余未之見也因其生朝姑摭二事爲詞以壽之

道德文章傳幾世到君合上三台位自是君家門戶事當此際龜山正抱西江水三萬六千排日醉鬢毛只恁青青地江裏石頭爭獻瑞分明是中間有箇長生字

錦帳春

席上和杜叔高

春色難留，酒盃常淺，更舊恨新愁相間。五更風，千里夢，看飛紅幾片，這般庭院。幾許風流，幾般嬌嬾，問相見何如不見。燕飛忙，鶯語亂，恨重簾不捲，翠屏平遠。

太常引

建康中秋夜爲呂潛叔賦

一輪秋影轉金波，飛鏡又重磨。把酒問姮娥，被白髮欺人奈何。乘風好去，長空萬

壽南澗

里，直下看山河，斫去桂婆娑，人道是清光更多。

壽韓南澗尚書　甲

君王著意履聲間，便合押紫宸班。今代又尊韓，道吏部文章泰山。一盃千歲，問公何事，早伴赤松閒。功業後來看，似江左風流謝安。

賦十四絃

仙機似欲織纖羅，髣髴度金梭。無柰玉纖

何卻彈作清商恨多　珠簾影裏如花半面絕勝隔簾歌世路苦風波且痛飲公無渡河

壽趙晉臣敷文

論公耆德舊宗英吳季子百餘齡奉使老於行更看舞聽歌最精　須同衛武九十入相蓑竹自青青富貴出長生記門外清溪姓彭彭溪晉臣居也

東坡引

閨怨　丁赶

玉纖彈舊怨還敲繡屏面清歌目送西風雁雁行吹字斷雁行吹字斷　夜深拜月瑣窗西畔但桂影空階滿翠帷自掩無人見羅衣寬一半羅衣寬一半

又

君如梁上燕妾如手中扇團團青影雙雙伴秋來腸欲斷秋來腸欲斷　黃昏淚眼青山隔岸但咫尺如天遠病來只謝傍人

勸龍華三會願龍華三會願

又

花稍紅未足絛破驚新綠重簾下偏闌干曲有人春睡熟有人春睡熟　鳴禽破夢雲偏蹙起來香腮褪紅玉花時愛與愁相續羅裙過半幅羅裙過半幅

夜遊宮

苦俗客

幾箇相知可喜才厮見說山說水顛倒爛

稍蕭作梢

熟只這是怎柰向一回說一回美　有箇尖新底說底話非名即利說的口乾罪過你且不罪俺畧起去洗耳

戀繡衾

無題

長夜偏冷添被兒枕頭兒移了又移我自是笑別人底却元來當局者迷　如今只恨因緣淺也不曾抵死恨伊合手下安排了那筵席須有散時

杏花天

無題

病來自是於春嬾。但別院笙歌一片。蛛絲網遍玻瓈盞。更問舞裙歌扇。　有多少、鶯愁蝶怨。甚夢裏、春歸不管。楊花也笑人情淺。故故沾衣撲面。

又

牡丹昨夜方開徧。畢竟是、今年春晚。荼蘼付與薰風管。燕子忙時鶯嬾。　多病起日

裁 傾人

長入倦不待得酒闌歌散甫能得見茶甌面却早安排腸斷

嘲牡丹 乙

牡丹比得誰顏色似宮中太眞第一漁陽鞞鼓邊風急人在沉香亭北 買栽池館多何益莫虛把千金拋擲若教解語應傾國一箇西施也得

唐河傳

俲花間體 丙

春水千里，孤舟浪起，夢攜西子。覺來村巷夕陽斜，幾家短牆紅杏花。 晚雲做造些見雨，折花去，岸上誰家女。太狂顛，那邊柳綿，被風吹上天。

醉花陰

爲人壽

黄花謾說年年好，也趁秋光老。綠鬢不驚秋，若鬭尊前，人好花堪笑。 蟠桃結子知多少，家住三山島。何日跨飛鸞，滄海飛塵

人世因緣了

品令

族姑慶八十來索俳語

更休說便是箇住世觀音菩薩甚今年容貌八十歲見底道纔十八　莫獻壽星香燭莫祝靈椿龜鶴只消得把筆輕輕去十字上添一撇

惜分飛

春思

翡翠樓前芳草路寶馬墜鞭暫駐最是周郎顧幾度歌聲誤　望斷碧雲空日暮流水桃源何處聞道春歸去更無人管飄紅雨

柳梢青

和范先之席上賦牡丹

姚魏名流年年攬斷雨恨風愁解釋春光剩須破費酒令詩籌　玉肌紅粉溫柔更染盡天香未休今夜簪花他年第一玉殿

稼十二　八

東頭　三山歸途代白鷗見嘲

白鳥相迎相憐相笑滿面塵埃華髮蒼顏去時曾勸聞早歸來　而今豈是高懷爲千里蓴羹計哉好把移文從今日日讀取千回

癸丑作

辛酉生日前兩日夢一道士話長年之術夢中痛以理折之覺而賦八難之辭　丙

嘉泰元年　先生年六十二

莫鍊丹難黃河可塞金可成難休辟穀難吸風飲露長忍飢難　勸君莫遠遊難何處有西王母難休采藥難人沉下土我上天難

河瀆神

女城祠効花間體

芳草綠萋萋斷腸絕浦相思山頭人望翠雲旗蕙肴桂酒君歸　惆悵畫簷雙燕舞東風吹散靈雨香火冷殘簫鼓斜陽門外

今古

武陵春

春興

桃李風前多嫵媚，楊柳更溫柔。喚取笙歌爛熳遊，且莫管閒愁。　好趁晴時連夜賞，雨便一春休。草草盃盤不要收，纔晚又扶頭。

又

走去走來三百里，五日以爲期。六月歸時

已是疑應是望多時　鞭箇馬兒歸去也
心急馬行遲不免相煩喜鵲兒先報那人
知

謁金門

「無題」和廓之五月雪樓小集韻　丁

遮素月雲外金蛇明滅翻樹啼鴉聲未徹
雨聲驚落葉　寶炬成行嫌熱玉腕藕絲
誰雪流水高山絃斷絕怒蛙聲自咽

又　丁

山吐月畫燭從教風滅一曲瑤琴纔聽徹
金蕉三兩葉　驟雨微涼還熱似欠舞瓊
歌雪近日醉鄉音問絕有時清淚咽

又

歸去未風雨送春行李一枕離愁頭徹尾
如何消遣是　遥想歸舟天際綠鬢瓏璁
慵理好夢未成鸎喚起粉香猶有殢

酒泉子

無題

流水無情潮到空城頭盡白離歌一曲怨殘陽斷人腸　東風官柳舞雕牆三十六宮花濺淚春聲何處說興亡燕雙雙

霜天曉角

旅興

吳頭楚尾一棹人千里休說舊愁新恨長亭樹今如此　宦游吾倦矣玉人留我醉明日落花寒食得且住爲佳耳

又

暮山層碧掠岸西風急一葉軟紅深處應不是利名客 玉人還佇立綠窗生怨泣萬里衡陽歸恨先倩雁寄消息

點絳唇

留博山寺聞光風主人微恙而歸時春漲斷橋

隱隱輕雷雨聲不受春回護落梅如許吹盡牆邊去 春水無情礙斷溪南路憑誰訴寄聲傳語沒箇人知處

又 丁

身後虛名古來不換生前醉青鞋自喜不踏長安市　竹外僧歸路指霜鍾寺孤鴻起丹青手裏剪破松江水

生查子

山行寄楊民瞻 甲

昨宵醉裏行。山吐三更月。不見可憐人。一夜頭如雪。　今宵醉裏歸。明月關山笛。收拾錦囊詩。要寄楊雄宅。

復用前韵

民瞻見和再用韻　甲

誰傾滄海珠，簸弄千明月。喚取酒邊來，軟語裁春雪。　人間無鳳凰，空費穿雲笛。醉裏却歸來，松菊陶潛宅。

有覓詞者爲賦　丙

去年燕子來，繡戸深深處。花徑得泥歸，都把琴書污。　今年燕子來，誰聽呢喃語。不見捲簾人，一陣黃昏雨。

獨遊雨巖　乙

溪邊照影行，天在清溪底。天上有行雲，人在行雲裏。高歌誰和余，空谷清音起。非鬼亦非僊，一曲桃花水。

又

青山招不來，偃蹇誰憐汝。歲晚太寒生，喚我溪邊住。山頭明月來，本在天高處。夜夜入清溪，聽讀離騷去。

又

青山非不佳，未解留儂住。赤脚踏層冰，爲

愛青溪故。朝來山鳥啼。勸上山高處裁。意不關渠。自在尋詩去。

簡吳子似縣尉

高人千丈崖。太古儲冰雪。六月火雲時。一見森毛髮　俗人如盜泉。照影都昏濁。高處掛吾瓢。不飲吾甯渴

和趙晉臣敷文春雪

漫天春雪來。纔抵梅花半。最愛雪邊人。楚些裁成亂　雪兒偏解歌。只要金盃滿。誰

嘉泰甲子開禧乙丑間作

道雪天寒翠袖闌干暖

又

梅子褪花時直與黃梅接煙雨幾曾開一春江裏活　富貴使人忙也有閒時節莫作路旁花長教人看殺

題京口郡治塵表亭

悠悠萬世功砣砣當年苦魚自入深淵人自居平土　紅日又西沉白浪長東去不是望金山我自思量禹

乙集本調名爲王孫信

尋芳草

嘲陳萃叟憶内

有得許多淚更閒卻許多鴛被枕頭兒放處都不是舊家時怎生睡 更也沒書來那堪被雁兒調戲道無書卻有書中意排幾箇人人字

阮郎歸

無此七字

耒陽道中爲張處父推官賦

風雨

山前燈火欲黃昏山頭來去雲鷓鴣聲裏

此湖南所作

淳熙丙午閏月作

數家村瀟湘逢故人　揮羽扇整綸巾少年鞍馬塵如今憔悴賦招魂儒冠多誤身

昭君怨

豫章寄張守定叟

長記瀟湘秋晚。歌舞橘洲人散。走馬月明中。折芙蓉。　今日西山南浦。畫棟珠簾雲雨。風景不爭多。奈愁何。

送晁楚老遊荊門

夜雨剪殘春韭。明日重斟別酒。君去問曹

稼十二　十五　四印齋

瞞好公安、試看如今白髮却爲中年離別風雨正崔嵬早歸來

又

人面不如花面花到開時重見獨倚小闌干。許多山。落葉西風時候人。共青山。都瘦。說到夢陽臺幾曾來

烏夜啼

山行約范先之不至

江頭醉倒山公。月明中。記得昨宵歸路笑

兒童。 溪欲轉。山已斷。兩三松。一段可憐風月欠詩翁。

先之見和復用韻

人言我不如公。酒盃中。更把平生湖海問兒童。 千尺蔓。雲葉亂。繫長松。却笑一身纏繞似衰翁。

又

晚花露葉風條燕燕。高行過長廊西畔小紅橋 歌再唱。人再舞。酒纔消。更把一盃

集中稀見

重勸摘櫻桃

一絡索

閨思

羞見鑑鸞孤却，倩人梳掠。一春長是爲花愁。甚夜夜、東風惡。行遶翠簾珠箔，錦牋誰託。玉觴淚滿却停觴，怕酒似、郎情薄。

信守王道夫席上用趙達夫賦金林檎韻

錦帳如雲處高不知重數夜深銀燭淚成

處高句佳

高字

行算都把心期付　莫待燕飛泥汚問花花訴不知花定有情無似却怕新詞妒

如夢令

賦梁燕

燕子幾曾歸去只在翠巖深處重到畫梁間誰與舊巢爲主深許深許聞道鳳凰來住

憶王孫

秋江送別集古句

邯鄲張埜野夫古山樂府

水龍吟　酹稼軒墓在分水嶺下

嶺頭一片青山，可能埋得凌雲氣。遐方異域，當年滴盡，英雄清淚。星斗撑腸，雲煙盈紙，文章游戲。漫人間留得，陽春白雪，千載下，無人繼。　不見戟門華第，見蕭蕭竹枯松悴。問誰料理，帶湖煙景，瓢泉風味。萬里中原，不堪回首，人生如寄。且臨風高唱，逍遙舊曲，為先生酹。

登山臨水送將歸。悲莫悲兮生別離。不用登臨怨落暉。昔人非。惟有年年秋雁飛。

稼十二　十

大德己亥中呂月刊畢于廣信書院後學孫粹然同職張公俊

稼軒長短句卷之十二終

淳熙本所無者十八首

余素不解詞而所藏宋元諸名家詞獨富如汲古閣珍藏秘本書目中所載原稿皆在焉然皆精抄舊抄而無有宋元槧本頃從郡故家得此元刻稼軒詞而歎其珍秘無匹也稼軒詞卷帙多寡不同以此十二卷者爲最善毛氏亦從此抄出惜其行款體例有不同耳澗蘋據毛抄以增補闕葉非憑空撰出者可比而洞仙歌中鈌一字抄本亦無因以墨釘識之其十一卷中四

之五一葉亦卽是卷七之八一葉之例非文有脫落而故强就之也是書得此補足幾還舊觀至于是書精刻純乎元人松雪翁書而俗子不知妄爲描寫可謂浮雲之汙甚至强作解事校改原文如卷十中爲人慶八十席上戲作有云人間八十最風流長貼在兒兒額上校者云下兒字當作孫潤蕢以爲兒兒或是奴家之稱二語之意當以八字作眉字解如此則改兒爲孫

豈不大可笑乎本擬滅此幾字恐損古書故凡遇俗手描寫處皆不滅其痕後之明眼人當自領之嘉慶己未黃丕烈識

文獻通攷稼軒詞四卷陳氏曰信州本十二卷視長沙爲多此元大德間所刊以卷數考之蓋出于信州本宋史藝文志云辛棄疾長短句十二卷亦卽此也嘉慶己未蕘圃買得於骨董肆內缺三葉出舊藏汲古閣抄本命予補之因拾卷中所有之字

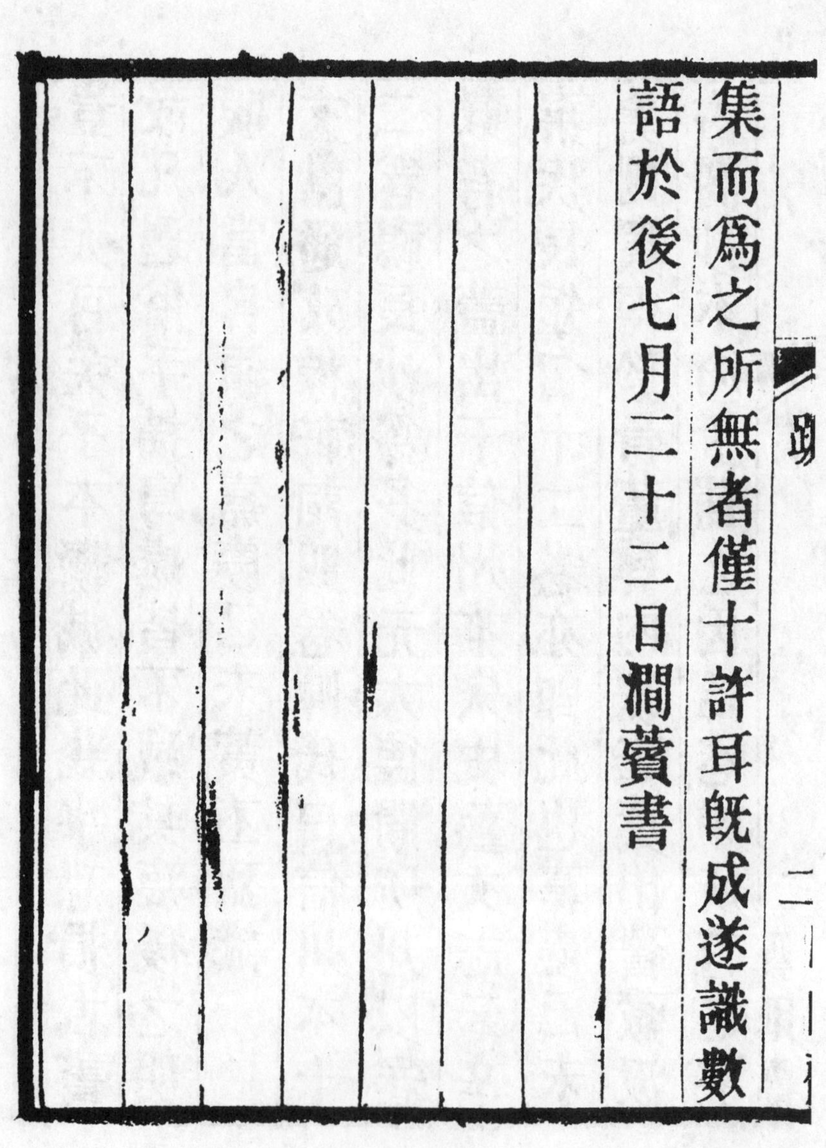
集而爲之所無者僅十許耳既成遂識數
語於後七月二十二日潤蘅書

光緒丁亥九月從楊鳳阿同年假元太德信州書院十二卷本校毛刻一過按毛本實出元刻特體例既別又併十二卷爲四爲不同耳元本所鈌三葉毛皆漏刻又無端奪去新荷葉朝中措各一闋尤可咲者元本第六卷鈌處醜奴兒近後半適與洞仙歌飛流萬壑一首相接毛家牽連書之幾似醜奴兒近有三疊令人無從句讀又鵲橋僊壽詞長貼在兒兒額上句校者妄

書下兒字當作孫爲顧澗蘋黃蕘圃所嗤毛刻於此正改作兒孫是以確知其出於此也中間譌奪觸處皆是然亦有元本譌奪而毛刻是正之處顧跋謂元本奪葉用汲古閣抄本校補何以此本鈌處又適與元刻相符殊不可解往年刻雙白灔玉詞成即擬續刋蘇辛二集以無善本而止今此本旣已校正聞鳳阿家尙有宋槧眉山樂府倘再假我以畢此志其爲益爲何如

耶又稼軒詞向以信州十二卷者爲足本莫子偲經眼錄有跋萬載辛氏編刻稼軒全集云詞五卷校汲古閣本增多三十六闋按毛本雖云四卷實併十二爲四併非不足其間鈌漏亦只校元本共少十闋不知辛氏所補云何姑誌以俟知者先冬二日半塘老人記

校栞稼軒詞成率題三絕于後

曉風殘月可人憐婀娜新詞競筦弦何侶

三郎催羯鼓夙醒餘穢一時捐
層樓風雨黯傷春烟柳斜陽獨愴神多少
江湖憂樂意湧呼青兕作詞人
信州足本銷沈久汲古叢編亥豕多今日
雕鐫撥雲霧廬山眞面問如何
戊子初春臨桂王鵬運幼霞書於四印齋

是刻既成適同里況夔笙孝廉周儀来自蜀中携有萬載辛啓泰編刻稼軒全集其長短句四卷悉仍毛刻詩文四卷詞補遺一卷則云自永樂大典抄出補詞共三十六闋内唯洞仙歌壽葉丞相一闋已見元刻近又見明人李濂評點稼軒詞爲萬曆間刻本始知毛刻誤處皆沿襲於此安得蕘圃所云毛抄舊本爲讎勘也半塘再記

跋　三

稼軒詞補遺

幸精本編輯重刻以傳固是快事然本叢書體例在盡收詞集稼軒詞原本獨遺何耶暇當以贈涯尹

稼軒詞補遺目録

賀新郎　漁家傲
霜天曉角　蘇武慢
綠頭鴨　烏夜啼
品令

稼軒詞補遺

歷城　辛棄疾　幼安

生查子　和夏中玉

一天霜月明，幾處砧聲起。客夢已難成，秋色無邊際。旦夕是重陽，菊有黄花蘂。只怕又登高，未飲心先醉。

滿江紅

老子當年，飽經慣、花期酒約。行樂處、輕裘緩帶，繡鞍金絡。明月樓臺簫鼓夜，梨花院落鞦韆索。共何人、對飲五三鍾，顏如玉。　嗟往事，空蕭索。懷新恨，又飄泊。但年來何待，許多幽獨。海水連天凝望遠，山風吹雨征衫薄。向此際、羸馬獨駸駸，情懷惡。

菩薩蠻

稼軒日向兒曹說。帶湖買得新風月。頭白早歸來。種花花已開。　功名渾是錯。更莫□思養。見說小樓東。好山千萬重。

甲子冬季書此詞

又　和夏中玉

與君欲赴西樓約。西樓風急征衫薄。且莫上蘭舟。怕人清淚流。　臨風橫玉管。聲散江天滿。一夜旅中愁。蛩吟不忍休。

一翦梅

塵灑衣裾客路長。霜林已晚。秋蕊猶香。別離觸處是悲涼。夢裏青樓。不忍思量。　天宇沈沈落日黃。雲遮望眼

山割愁腸滿懷珠玉淚浪浪欲倩西風吹到蘭房

又

歌罷尊空月墜西百花門外煙翠霏微絳紗籠燭照于飛歸去來兮歸去來兮　酒入香顋分外宜行行問道還肯相隨嬌羞無力應人遲何幸如之何幸如之

念奴嬌　謝王廣文雙姬詞

西眞姊妹料凡心忽起共辭瑶闕燕燕鶯鶯相並比的當兩團兒雪合韻歌喉同茵舞袖舉措□□別江梅影裏迥然雙藥奇絕　還聽別院笙歌倉皇走報笑語渾重疊拾翠洲邊攜手處疑是桃根桃葉並蒂芳蓮雙頭紅藥不意俱攀折今宵鴛帳有同對影明月

又三友同飲借赤壁韻

論心論相便擇術滿眼紛紛何物踏碎鐵鞋三百緉不在危峰絕壁龍友相逢洼樽緩舉議論敲冰雪何妨人道聖時同見三傑　自是不日同舟平戎破虜豈由言輕發任使窮通相鼓弄恐是眞□難滅寄食王孫喪家公子誰握周公髮冰□皎皎照人不下霜月

又贈夏成玉

妙齡秀發湛靈臺一點天然奇絕萬壑千巖歸健筆掃盡平山風月雪裏疏梅霜頭寒菊迥與餘花別識人青眼慨然憐我疏拙　遐想後日蛾眉兩山橫黛談笑風生頰握手論文情極處冰玉一時清潔掃斷塵勞招呼

蕭散，滿酌金蕉葉，醉鄉深處，不知天地空闊。

江城子　戲同官

留仙初試砑羅裙小腰身可憐人江國幽香曾向雪中聞過盡東園桃與李還見此一枝春　庾郎襟度最清眞挹芳塵便情親南館花深清夜駐行雲拚卻日高呼不起燈半滅酒微醺

惜奴嬌　戲同官

風骨蕭然稱獨立羣仙首春江雪一枝梅秀小樣香檀映朗玉纖纖手未久轉新聲泠泠山溜　曲裏傳情更濃似尊中酒信傾蓋相逢如舊別後相思記敏政堂前柳知否又拚了一場消瘦

和下空格乙集本作風

纖豔猥褻也甚矣

南鄉子 贈妓

亦乙集

好箇主人家不問因由便去嗏病得那人妝晃子巴巴繫上裙兒穩也哪 別淚没些些海誓山盟總是賒今日新歡須記取孩兒更過十年也似他

糖多令

乙集本有此詞

淑景鬭清明和口拂面輕小杯盤同集郊坰頓著箇轎兒不肯上須索要大家行 行步漸輕盈行行語笑頻鳳鞋兒微褪些根蘜忽地倚人陪笑道眞箇是腳兒疼

和下当是風字

踏歌

甲集本有此詞

攧厥看精神壓一寵兒劣更言語一似春鶯滑一團兒美滿天和雪 去也把春衫換卻同心結向人道不怕

此首及下首鵲仙人一首皆見朱希真樵歌

輕離別問昨宵因甚歌聲咽　秋被夢春閨月舊家事卻對何人說告第一莫趁蜂和蝶有春歸花落時節

眼兒媚　妓

煙花叢裏不宜他絕似好人家淡妝嬌面輕注朱唇一朵梅花　相逢比著年時節顧意又爭些來朝去也莫因別箇忘了人咱

如夢令　贈歌者

韻勝仙風縹緲的皪嬌波宜笑弄玉一聲歌占斷多情風調清妙清妙留住飛雲多少

鷓鴣天　樵歌

天上人間酒最尊非甘非苦味通神一杯能變愁山色

三䉲全迴冷谷春　歡後笑怒時瞋醒來不記有何因
古時有道陶元亮解道君當恕醉人

又和陳提幹

翦燭西窗夜未闌酒豪詩興兩聯緜香歕瑞獸金三尺
人插雲梳玉一彎　傾笑語捷飛泉觥籌到手莫留連
明朝再作東陽約肯把鸞膠續斷絃

又

有箇仙人捧玉巵滿斟堅勸不須辭瑞龍透頂香難比
甘露澆心味更奇　開道域洗塵機融融天樂醉瑤池
霓裳拽住君休去待我醒時更一杯

踏莎行春日有感

稼軒不應有出塞之作

萱草齊階，芭蕉弄葉，亂紅點點團香蝶。過牆一陣海棠風，隔簾幾處梨花雪。　愁滿芳心，酒潮紅頰，年年此際傷離別。不妨橫管小樓中，夜闌吹斷千山月。

□□□出塞春寒有感

鶯未老，花謝東風掃。鞦韆人倦綵繩閑，又被清明過了。　日長減破夜長眠，別聽笙簫吹曉。錦牋封與怨春詩，寄與歸雲縹緲。

謁金門　和陳提幹

山共水，美滿一千餘里。不避曉行并早起，此情都為你。　不怕與人尤殢，只怕被人調戲。因甚無箇阿鵲地，沒工夫說裏。

鵲橋仙　送粉卿行

乙集本有此詞

轎兒挑了，擔兒裝了，杜宇一聲催起。從今一步一回頭，怎睚得一千餘里。舊時行處，舊時歌處，空有燕泥香墜。莫嫌白髮不思量，也須有思量去裏。

好事近　春日郊遊

春動酒旗風，野店芳醪留客。繫馬水邊幽寺，有梨花如雪。山僧欲看醉魂醒，茗椀泛香白。微記碧苔歸路，嫋一鞭春色。

又

花月賞心天，擡舉多情詩客。取次錦袍須貰，愛春醅浮雪。黃鸝何處故飛來，點破野雲白。一點暗紅猶在，正

不禁風色

又　宦閩時作　此福州西湖也

春意滿西湖湖上柳黃時節瀕水霧窗雲戶貯楚宮人物一年管領好花枝東風共披拂已約醉騎雙鳳玩三山風月

水調歌頭　和馬叔度遊月波樓

客子久不到好景爲君留西樓著意吟賞何必問更籌喚起一天明月照我滿懷冰雪浩蕩百川流鯨飲未吞海劍氣已橫秋　野光浮天宇迥物華幽中州遺恨不知今夜幾人愁誰念英雄老矣不道功名蕞爾決策尙悠悠此事費分說來日且扶頭

壽詞中可觀者

又 肇采若壽

采若字子稼新日卿亦北人南歸者

泰嶽倚空碧汶□卷雲寒萃茲山水奇秀列㝢下人寰八世家傳素業一舉手攀丹桂依約笑談間賓幕佐儲副和氣滿長安 分虎符來近甸自金鑾政平訟簡無事酒社與詩壇會看沙隄歸去應使神京再復款曲問家山玉佩揖空闊碧霧翳蒼鸞

稼 十八

洞仙歌爲葉丞相壽

信州本有此詞

甲集二五

江頭父老說新來朝野都道今年太平也見朱顏綠鬢玉帶金魚相公是舊日中朝司馬 遙知宣賜處東閤華鐙別賜仙韶接元夜問天上幾多春只似人間但長見精神如畫好都取山河獻君王看父子貂蟬玉京迎

馮

賀新郎 和吳明可給事安撫

世路風波惡喜清時邊夫袖手□將帷幄正值春光二三月兩兩燕穿簾幕又怕箇江南花落與客攜壺連夜飲任蟾光飛上闌干角何時唱從軍樂　歸歟已賦居巖壑悟人世正類春蠶自相纏縛眼畔昏鴉千萬點□欠歸來野鶴都不戀黑頭黃閣一詠一觴成底事慶康寧天賦何須藥金璞大爲君酌

漁家傲 湖州幕官作舫室　稼軒与湖州関係甚密

風月小齋模畫舫綠窗朱戶江湖樣酒是短橈歌是槳和情放醉鄉穩到無風浪　自有拍浮千斛釀從教日

日蒲桃漲門外獨醒人也訪同俯仰賞心卻在鴟夷上

霜天曉角　赤壁

雪堂遷客、不得文章力。賦寫曹劉興廢、千古事、泯陳迹。
望中磯岸赤、直下江濤白。半夜一聲長嘯、悲天地、爲
子窄。

蘇武慢　雪

帳暖金絲杯乾雲液戰退夜□颼颼障泥繫馬掃路迎
賓先借落花春色歌竹傳觴探梅得句人在玉樓瓊室
喚吳姬學舞風流輕轉弄嬌無力　塵世換老盡青山
鋪成明月瑞物已深三尺豐登意緒婉娩光陰都作暮
寒堆積回首驅羊舊節入蔡奇兵等閒陳迹總無如現

在尊前一笑坐中贏得

綠頭鴨 七夕

歎飄零離多會少堪驚又爭如天人有信不同浮世難憑占秋初桂花散采向夜久銀漢無聲鳳駕催雲紅帷卷月泠泠一水會雙星素杼冷臨風休織深訴隔年誠飛光淺青童語款丹鵲橋平 看人間爭求新巧紛紛女伴歡迎避鐙時絲絲未整拜月處蛛網先成誰念監州蕭條官舍燭搖秋扇坐中庭笑此夕金釵無據遺恨滿蓬瀛敧高枕梧桐聽雨如是天明

烏夜啼 戲贈籍中人

江頭三月清明柳風輕巴峽誰知還是洛陽城 春寂

寂嬌滴滴笑盈盈一段烏絲闌上記多情

品令

迢迢征路又小舸金陵去西風黃葉淡煙衰草平沙將暮回首高城一步遠如一步　江邊朱戶忍追憶分攜處今夜山館怎生禁得許多愁緒辛苦羅巾搵取幾行淚雨

蚤歲居南昌館俸所入先大夫命以聚書竭十年之力益得書數十萬卷宋代文籍尤所篤嗜洎遊江淮挾以自隨萬載辛氏輯刻稼軒集其一也其補遺詞三十餘闋爲他本所無半塘老人刊稼軒詞跋稱未見此本蓋流傳亦已尠矣夫辛氏輯刻在嘉慶中葉距今不踰百年世遂詫爲罕見於此可徵古籍之散佚有什百千萬於此者也漚尹先生嘗與論及相爲慨歎遂出篋衍謀付梓人俾稼軒之詞海内復覩足本宗元所箸錄之籍亦以流布此豈兵塵澒洞中所易得耶宗元嘗造聽楓之園坐無著之龕積書如山几塵不掃先生歔欷其間屏謝世事他日必更有佳刻以餉學人此又宗元稽首

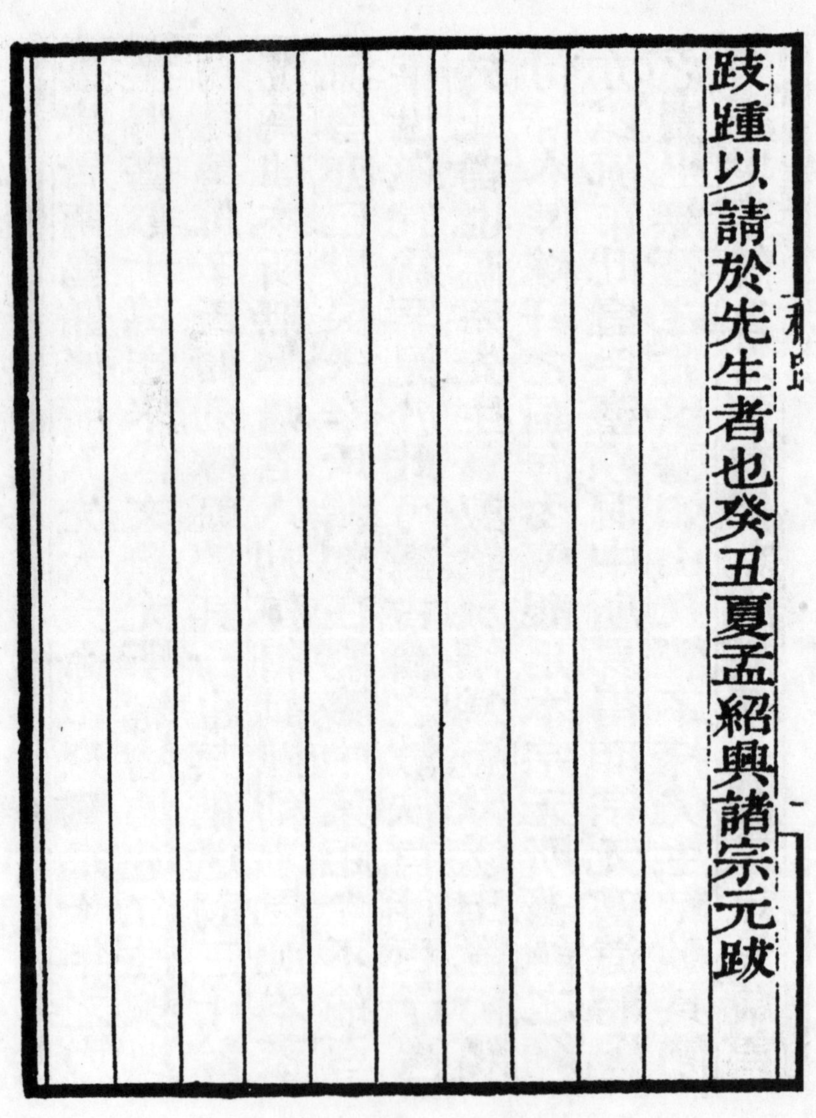

跋踵以請於先生者也癸丑夏孟紹興諸宗元跋

稼軒詞補遺校記

菩薩蠻稼軒　□思原本作想思誤

念奴嬌西真　□□原本作脫髓誤

又論心　真□原本闕文未空格　冰□原本作冰雪誤

糖多令　和□原本作和氣氣疑風誤

踏歌按此爲雙曳頭調原本分二段以問昨宵句作過片据朱敦儒樵歌改正

鷓鴣天天上

又有箇以上二首見樵歌

□□□原本作謁金門誤按此調詞律及詞律拾遺並未載俟考

水調歌頭泰嶽　汶□原本作汶文誤

洞仙歌按此詞元大德本稼軒長短句有之

賀新郎 □欠 原本闕文未空格

蘇武慢 夜□ 原本闕文未空格

稼軒詞補遺一卷萬載辛敬甫啟泰輯得於永樂大典中者稼軒詞毛氏汲古閣刊本四卷與文獻通考合王氏四印齋重刊元大德信州書院本十二卷視毛本增多十一闋是卷補毛本之遺其見諸大德本者僅洞仙歌壽葉丞相一闋編纂大典者殆亦未睹大德本耶敬甫稼軒集誌語謂所得長短句五十首詞跋則稱三十六首蓋初有他人之作後又芟汰者而鷓鴣天有二闋曾見朱希真樵歌當時或未致詳審今大典已散佚殆盡此數十闋者使非敬甫表襮

草中訪得舊金菊對芙蓉一首諸本皆無但不類稼軒作

而出之幾何不有亡書之歎也卷中訛誤閒亦未免刊既畢爲條舉所校者如右壬子立冬後四日彊邨遺民朱孝臧跋

稼軒詞以元大德本（信州十二卷本）為最備凡五百七十二首宋淳熙本甲乙丙三集合計三百三十二首內十七首為大德本所無此本補遺三十六首除誤收朱希真二首外一首複大德本四首複淳熙本其為諸本所未見者實二十九首三本互除複重都得詞六百一十八首是為傳世稼軒詞之總數淳熙本甲集范開序云近時流布海內者率多贋本此

稼軒　二

六百十六首中，求如此之爲稼軒作，然已無從辨別，過而存之可耳。戊辰先立秋三日啓超跋。

後五日復見明吳訥唐宋百家詞所收稼軒集，正同此本，惟更有丁集。凡詞百首，內五首與乙集重出，其爲諸本所無者又五首，內一首係誤入龍洲詞，實多出四首，都計六百二十一首，實傳世稼軒詞總數。啓超又記。